lonely planet

DE CERCA GÉNOVA Y CINQUE TERRE

AF894176

Brendan Sainsbury

Sumario

Arriba: 'caruggi' de Génova (p. 44).
Abajo: Portofino (p. 53).

Explora Génova y Cinque Terre 31

Guía práctica 143

★ Imprescindible

El viaje empieza aquí

Génova y Cinque Terre forman parte del escarpado litoral del noroeste de Italia, integrado en la región de Liguria. A pesar de su complicada topografía, es una zona muy poblada con elegantes resorts de playa y adorables pueblos pesqueros decadentes que desafían el accidentado terreno. Rocosas rutas de senderismo que conectan antiguos santuarios, casas amontonadas en diminutos puertos y calas de guijarros y arena enclavadas en recónditas ensenadas. Bienvenidos a una tierra de laberínticos callejones y paseos de palmeras rodeados de lujosos palacios, aderezada con el fastuoso patrimonio de una de las ciudades marítimas más bellas de Europa.

Brendan Sainsbury
@sainsburyb
Brendan ha escrito unas 70 guías Lonely Planet y ha recorrido 17 de las 20 regiones de Italia. Es la cuarta vez que explora la Riviera italiana.

Vernazza (p. 89).

LO MEJOR

Arte

El patrimonio artístico de Génova es impresionante, mayormente concentrado en los opulentos Palazzi Rolli, y grabado a color en los muros de iglesias barrocas. Por la Riviera también hay obras magistrales.

Evaluar las sutilezas de los maestros genoveses barrocos como Bernardo Strozzi en los lujosos dominios del **Palazzo Rosso.** (p. 39)

Ahondar en el arte italiano de los ss. XIX y XX en la **Galleria d'Arte Moderna** en el barrio de Nervi. (p. 47)

Admirar la obra del pintor flamenco Peter Paul Rubens en los elaborados frescos de la **Chiesa del Gesù.** (p. 45; foto)

Ver la inquietante *Crucifixión* que pintó (o no) Van Dyck en el **Convento dei Cappuccini** de Monterosso. (p. 77)

Descubrir la increíble colección de arte renacentista de La Spezia, con maestros como Tiziano y Tintoretto, en el **Museo Amedeo Lia.** (p. 129)

Contemplar el único Caravaggio conocido de Génova, *Ecce Homo*, en el noble **Palazzo Bianco.** (p. 38; foto)

Dcha.: 'Ecce Homo', Palazzo Bianco.

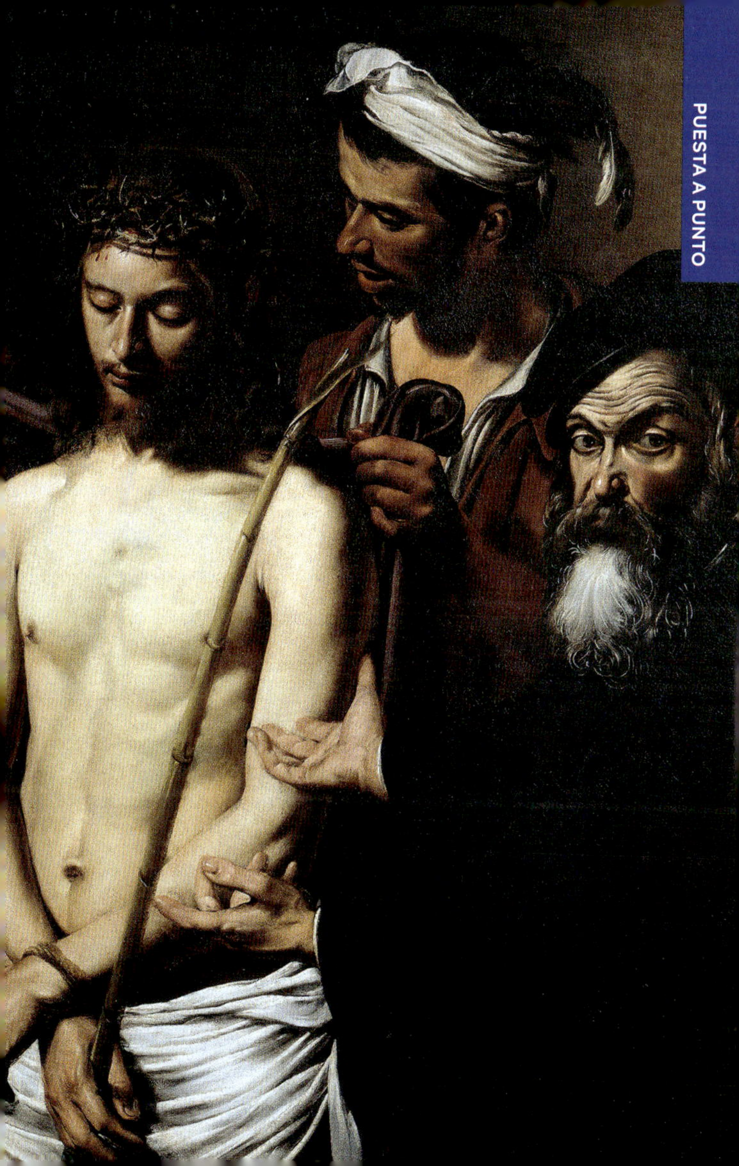

LO MEJOR

Actividades acuáticas

En esta estrecha región costera todo está cerca del mar; conviene aprovecharlo con actividades como natación y remo, o para desplazarse en barco.

Alquilar una tabla y un traje de neopreno (o llevarlo puesto) e ir a la playa de Levanto, uno de los **lugares de surf** más explosivos del país. (p. 64)

Visitar con calma los cinco pueblos de Cinque Terre en un día en barco y hacer **kayak** en Riomaggiore. (p. 123)

Saltar desde una roca o remar desde la playa por las aguas más transparentes de Liguria en **San Fruttuoso.** (p. 57; foto)

Bucear en un parque marino protegido frente a Cinque Terre con los expertos buceadores de **Diving 5 Terre.** (p. 124)

Ir en busca de ballenas, delfines y otros animales marinos en una excursión con **Consorzio Liguria Via Mare** de Génova. (p. 47; foto)

EVAFONINA/SHUTTERSTOCK ©

Viñedos de Cinque Terre.

LO MEJOR

Gastronomía

Cuando se pregunta por la mejor comida del mundo, Italia gana por goleada. La clave está en la sencillez, una cualidad propia de Génova con restaurantes que elaboran fabulosos pestos, *focaccia*, anchoas y *farinata* (pan plano de harina de garbanzo).

Comer en una sencilla **'trattoria' genovesa,** una experiencia que apenas ha cambiado desde tiempos de Colón. (p. 48)

Intentar preparar un pesto con mortero al estilo Vernazza en una clase de cocina con **Cinque Sensi.** (p. 95)

Unirse a una gigantesca parrillada de pescado en el puerto durante el festival **Sagra del Pesce** de Camogli en mayo. (p. 63)

Descansar en los viñedos aterrazados de **Cantina Capellini** sobre Cinque Terre y probar las DOC locales con un plato de *bruschette* frente a las mejores vistas de Italia. (p. 117)

En **Monterosso al Mare,** capital regional de la anchoa, probar esta delicia salada con una copa de vino local en una *enoteca* de calle. (p. 81)

LO MEJOR

Senderismo

Es uno de los pequeños placeres de Italia, y Liguria –en especial Cinque Terre– posee toda una red de sendas costeras, muchas de ellas fuertemente imbuidas de historia.

Dibujar un gran arco por la costa rocosa de la **península de Portofino** de Camogli a Santa Margherita Ligure. (p. 58; foto)

Inhalar el aroma de los pinos, el vino y el mar entre abruptos bancales de viñedos en el **sendero Manarola-Corniglia.** (p. 106)

Seguir los pasos de antiguos penitentes y peregrinos en el escarpado sendero al **Santuario Basilica di Montallegro** de Rapallo. (p. 55)

Recorrer la larga y curiosamente poco concurrida **Alta Via delle Cinque Terre** por boscosas cumbres entre Porto Venere y Levanto. (p. 70; foto)

Recorrer la "autopista" de senderismo de Cinque Terre, el **Sentiero Verde-Azzurro,** un histórico y accidentado sendero a través de colinas aterrazadas y paisajes increíbles. (p. 84)

Dcha.: Vernazza, desde el Sentiero Verde-Azzurro.

LO MEJOR

Playas

Cualquier lugar con acceso al mar, un atisbo de sol y espacio para poner la toalla se llama playa en Italia. Obviamente, la costa ligur posee algunas de las mejores del país.

Rascarse el bolsillo para tomar el sol en "clase business" en el lujoso club de la diminuta **Spiaggia di Paraggi** cerca de Portofino. (p. 60; foto)

Llevar la tabla de surf, la bicicleta o simplemente observar el animado tramo de playa de **Levanto.** (p. 64)

Sentir el brío del oleaje romper en las abruptas costas románticas de **Spiaggia di Fossola** en Riomaggiore. (p. 123)

Recorrer el paseo de **Spiaggia di Fegina** en Monterosso al Mare, la única playa de arena auténtica de Cinque Terre, con múltiples clubes privados donde elegir. (p. 81)

Tomar el sol con vistas a los imponentes fuertes de la zona de playa antes conflictiva (ahora pacífica) de **San Terenzo** en el golfo de los Poetas. (p. 134; foto)

LO MEJOR

Museos

Italia posee algunos de los mejores museos del mundo, y Génova tiene su justa parte. Sus más preciados tesoros se conservan en los majestuosos Palazzi Rolli, pero hay colecciones menos célebres en las afueras.

Observar arte, muebles, arquitectura, jardines y violines de época en el mejor museo de Génova distribuido en los tres palacios independientes de **Musei di Strada Nuova.** (p. 38)

Aprovechar la visita al costero Sestri Levante para entrar en el **Museo Archeologico e della Città** y ver algunos de los hallazgos más antiguos de Liguria. (p. 64)

Admirar la detallada colección de objetos marinos recogidos por la marina italiana en el **Museo Tecnico Navale.** (p. 134)

Emprender un viaje metafórico desde Colón hasta los cruceros modernos en el **Galata Museo del Mare,** considerado uno de los mejores museos marítimos de Europa. (p. 46)

Investigar la ecléctica y un tanto excéntrica colección de artefactos culturales del trotamundos Enrico Alberto d'Albertis en el **Castello d'Albertis** de Génova. (p. 43)

Castello d'Albertis.

Santa Margherita Ligure.

LO MEJOR

El arte del café

Tras resistir durante tiempo a las franquicias internacionales, los cafés italianos conforman una categoría propia. Algunos se remontan al Risorgimento y muchos han servido a huéspedes famosos.

Reflexionar sobre la vida, las tartas y el buen café entre los espejos del tradicional **Caffè degli Specchi** de Génova. (p. 50)

Sorber cafeína en el **Cafe Pasticceria Canepa 1862** de Rapallo, que ya servía café antes de inventar el capuchino. (p. 68)

Sentarse frente a **À Cáneva** en Corniglia y recuperar fuerzas con un Lavazza bien cargado. (p. 105)

Esquivar los relucientes hoteles y villas señoriales de Santa Margherita Ligure y optar por un café con cruasanes en **Pasticceria Oneto.** (p. 68)

Relajarse tras una excursión con un café y una porción de tarta en **Cappun Magru,** en la íntima Piazzale Papa Innocenzo IV de Manarola. (p. 116)

Lo mejor para niños

Visitar el segundo **acuario** más grande de Europa en Génova, en una divertida y didáctica incursión en la vida y milagros de la fauna marina del Mediterráneo. (p. 35)

Alquilar una bici en Levanto y emprender un agradable **itinerario por la costa** cruzando antiguos túneles ferroviarios hasta los pueblos de Bonassola y Framura. (p. 66)

Subir en tren o funicular al **Cinturón de fuertes** de Génova y descubrir una gigantesca zona de recreo al aire libre en la cima de la mayor ciudad de la región. (p. 40)

Apostarse con una sombrilla y una tumbona en un club de playa privado de **Levanto,** con arena suave y socorristas. (p. 64)

Sobrevolar la boscosa colina hasta un reluciente santuario renacentista en el **teleférico** retro de Rapallo. (p. 55)

Lo mejor gratis

Evitar pagar senderos y caminar un día o dos por las cimas del **sendero AV5T** de Cinque Terre. (p. 70)

Perfeccionar la orientación en los **'caruggi'** (callejones) de Génova, abrazando las vistas y los sonidos del laberíntico centro. (p. 44)

Ir a pie a **San Fruttuoso,** tender la toalla en un tramo de playa gratis y nadar en la bahía cristalina. (p. 57)

Desenredar misterios, historia y arte invaluable en la **Cattedrale di San Lorenzo** de Génova, con frescos y bombas de la II Guerra Mundial. (p. 45)

Unirse a la multitud en el mejor paseo vespertino de la región, sorteando paseantes en la **Passeggiata Anita Garibaldi** del barrio de Nervi. (p. 47)

Tres días perfectos

El espíritu urbano de Génova, sumado a los armoniosos pueblos de Cinque Terre y los numerosos resorts de la Riviera, bien merece tres días.

Palazzo Reale (p. 42).

DESDE IZDA.: TRABANTOS/SHUTTERSTOCK ©, MAUDANROS/SHUTTERSTOCK ©, SANTI RODRIGUEZ/SHUTTERSTOCK ©, SIMON DANNHAUER/SHUTTERSTOCK ©

PRIMER DÍA

Si solo se dispone de un día

MAÑANA

Se desayuna un capuchino en **Caffe degli Specchi** (p. 50) antes de intentar orientarse por los intricados *caruggi* (callejones) hasta Porto Antico. Se visita una de las atracciones del puerto antes del almuerzo: **Galata Museo del Mare** (p. 46) para adultos, **acuario** (p. 35) para niños.

TARDE

Se come un *panino* en **Cairoli Cafe** (p. 51) y se dedica la tarde a los exquisitos jardines y la delicada forja barroca del **Palazzo Reale** (p. 42). Con tiempo, se puede ir al **Palazzo Spinola** (p. 44; hay una entrada combinada).

NOCHE

Se hace cola para cenar en la **Trattoria delle Grazie** (p. 48; foto) y se termina con un vino admirando los frescos del bohemio **Les Rouges** (p. 50).

SEGUNDO DÍA

Un fin de semana

MAÑANA

Se toma un tren temprano a **Monterosso al Mare** (p. 73). Tras pasear por **Spiaggia di Fegina** (p. 81) y entrar en el **Convento dei Cappuccini** (p. 77), se emprende el **Sentiero Verde-Azzurro** (SVA) a Vernazza (p. 84).

TARDE

Se almuerza en el puerto de Vernazza (p. 93; foto) y se aprovecha para ver la iglesia junto al mar y las tiendas de Via Roma. Con un helado de **Il Porticciolo** (p. 96), se reanuda el SVA hacia Corniglia.

NOCHE

En Prevo, se toma un aperitivo en **Il Gabbiano** (p. 85) antes de llegar a Corniglia a tiempo para cenar en **Ristorante Cecio** (p. 105). Se aprecian las vistas desde el **Belvedere di Santa Maria** (p. 104) y se regresa en tren a Génova.

TERCER DÍA

Una escapada

MAÑANA

Se va en tren a Riomaggiore y se visita el pueblo, pasando por la **iglesia** y el **oratorio** (p. 124), y se baja al puerto deportivo. En un **circuito en kayak** (p. 123) de dos horas se recorren las cuevas, acantilados y ensenadas típicas de la costa de Cinque Terre.

TARDE

Se almuerza en **Via Colombo** (p. 121) y se sube la empinada **Via Beccara** (p. 114) a Manarola (foto). Tras descansar observando la acción en **Piazzale Papa Innocenzo IV** (p. 113), se recorren las tiendas de **Via Discovolo** (p. 111) y se regresa de nuevo al mar.

NOCHE

Al anochecer, se toma un tentempié y copas en **Nessun Dorma** (p. 113), un bar espectacular con una terraza frente al mar sobre las intimidantes rocas de **Punta Bonfiglio** (p. 114).

Con más tiempo

Se exploran los carismáticos barrios y parques en lo alto de Génova, como el **Parco delle Mura** (p. 40), con su cinturón de fuertes semiderruidos, el antiguo pueblo pesquero de **Boccadasse** (p. 47) y los museos y ramblas del barrio de **Nervi** (p. 47).

Tres pueblos al este del golfo de los Poetas merecen una excursión de un día. **San Terenzo** (p. 134) es famoso por su playa de arena, **Lerici** (p. 136) por su alto e imponente **castillo** (p. 136) y **Tellaro** (p. 138) por la iglesia frente al mar, escenario de la peculiar leyenda de un pulpo. Están conectados por hermosos senderos y paseos.

Otra opción es **Porto Venere** (p. 131), con su famosa **Grotta di Byron** erosionada por el mar, accesible por el ilustre puerto naval de La Spezia y su fantástico **museo naval** (p. 134).

Boccadasse (p. 47).

STEFANO ZACCARIA/SHUTTERSTOCK ©

Una excursión

Se toma el tren a Santa Margherita Ligure (foto) y se baja a pie al puerto para embarcar hacia **San Fruttuoso** (p. 56). Tras un baño, se visita la **abadía** (p. 56) y se almuerza marisco en **La Cantina** (p. 67).

Cuando afloja el calor, se recorren los 4 km de acantilados de **Portofino** (p. 58), deleitándose al menos con un carísimo *aperitivo* en el petulante **Piazzetta** (p. 60).

Con tiempo y energía, se puede subir al **Castello Brown** (p. 60) para gozar de magníficas vistas y un café, por suerte económico. Se regresa a Santa Margherita en autobús y se cena una *pizza* junto al mar.

En un día de lluvia

Por la mañana, a cubierto de los porches de **Porto Antico** (p. 34; foto) se elige donde desayunar, antes de cruzar el paseo marítimo hacia el **acuario** (p. 35), donde solo se moja la fauna marina.

Luego, se recorren los *caruggi* hasta la intrigante **catedral** (p. 45) al norte y el **Museo del Tesoro** (p. 46) asociado, y se termina la tarde olvidando el mal tiempo en las salas interconectadas de los **Musei di Strada Nuova** (p. 38).

Al anochecer, por los grandes porches de Via Settembre XX se llega al **Mercato Orientale** (p. 49) cubierto, con múltiples opciones gastronómicas bajo un mismo techo.

Prepararse

ANTES DE PARTIR

Tres meses antes
Reservar alojamiento, especialmente en temporada alta (jun-ppios sept). Comprobar vigencia del pasaporte.

Una semana antes
Reservar mesa en los mejores restaurantes. Contactar con agencias como **Arbaspàa** (p. 115) para reservar actividades al aire libre, visitas a viñas y otras excursiones.

Unos días antes
Comprobar la previsión del tiempo y prepararse. Descargar aplicaciones como Google Translate y Trenitalia (red ferroviaria italiana).

Costumbres

- La sociedad italiana es sorprendentemente formal y se saluda al entrar en tiendas, restaurantes y bares con un *"buongiorno"* (buenos días) o *"buonasera"* (buenas tardes); a los amigos se les da dos besos en la mejilla y se les dice *"come stai"* (¿Cómo estás?).
- En las iglesias hay que cubrirse hombros, torso y muslos y quitarse gorras/sombreros.
- Los italianos suelen arreglarse para salir a cenar.
- Saltarse la cola es habitual: hay que ser educado pero asertivo.

Ritual del café

Los ligures, como muchos italianos, beben pequeñas dosis de café en cantidades moderadas. Para un café exprés, se pide un *caffè* (la palabra "espresso" no suele usarse). Beben un capuchino rápido por la mañana en pequeñas tazas de porcelana con un *brioche* (bollo).

Conviene saber

Llevar siempre efectivo. Algunos restaurantes y hoteles solo aceptan efectivo, y las gasolineras sin personal no siempre aceptan tarjetas de crédito extranjeras.

Llevar buen calzado para caminar por Cinque Terre. Las chancletas/sandalias no van bien y técnicamente no están permitidas en el sendero SVA.

Los italianos cenan tarde, pero no tanto como los españoles. Los restaurantes cierran entre el almuerzo y la cena y reabren hacia las 19.30. Conviene evitar los restaurantes con captadores y los mediocres menús turísticos.

La pasta se come con tenedor, no con cuchara. La *pizza al taglio* (en porciones) se puede comer con las manos, pero en los restaurantes es más común (e italiano) usar cuchillo y tenedor.

PROPINAS

En Italia hay poca costumbre y el servicio suele incluirse en la cuenta. Si se deja algo, tiene que ser efectivo; los datáfonos italianos no suelen tener opción de propina.

Restaurantes
No es obligatoria, pero un 10 % por buen servicio

Bares y cafés
No es habitual

Taxis
Se redondea la tarifa

Personal de hotel
Por buen servicio

PRESUPUESTO DIARIO

Económico Menos de 100 €

- Cama en dormitorio colectivo: **20-35 €**
- Habitación doble en hotel barato: **60-110 €**
- *Pizza* o pasta: **6-15 €**

Medio Entre 100-250 €

- Habitación doble en hotel: **110-200 €**
- Cena en restaurante local: **25-45 €**
- Entrada museo: **4-18 €**

Alto Más de 250 €

- Habitación doble en hotel de cuatro o cinco estrellas: **más de 200 €**
- Cena en restaurante de categoría: **45-150 €**
- Entrada ópera: **40-210 €**

Moneda
Euro (€)

Idioma
Italiano

Zona horaria
Horario central europeo (GMT/UTC + 1 h)

TARJETAS DE DESCUENTO

Hay dos tarjetas de descuento regionales que merecen la pena: la **Genoa Museum Card,** válida en 28 museos de la ciudad, y la **Cinque Terre Trekking Card,** con acceso a los populares senderos.

ANTONIO TRUZZI/SHUTTERSTOCK ©

Cuándo ir

La Riviera italiana tiene un clima suave y rara vez el termómetro llega bajo cero. La mejor época para las actividades al aire libre es entre abril y octubre.

El verano manda en la Riviera italiana, con máximos anuales de sol y turistas. Cinque Terre está masificado de junio a principios de septiembre, pero es buena época para ir a la playa y hacer senderismo u otras actividades al aire libre. Entre marzo y mayo puede llover, pero se evitarán aglomeraciones y hay descuentos en alojamientos.

Finales de septiembre y octubre puede ser una época excelente, con buen tiempo y menos turistas. Muchos hoteles, restaurantes y tiendas cierran en invierno. Las lluvias complican el senderismo y algunas rutas incluso cierran.

Grandes eventos

Diciembre/enero Entre principios de diciembre y principios de enero se celebra uno de los mejores espectáculos de Cinque Terre en Manarola, el famoso **Presepe** (p. 114), el mayor belén iluminado del mundo.

Junio Sestri Levante (p. 63) acoge el **Andersen Festival** (en memoria de Hans Christian Andersen).

Julio La **Barcarolata** en Sestri Levante (p. 63) es una flotilla de barcos adornados con curiosas decoraciones de papel maché.

Agosto Se celebra la famosa competición de remo **Palio del Golfo** (p. 133) de La Spezia.

Festivales gastronómicos

Italia en general y Liguria en particular se vuelve loca por los festivales gastronómicos que se celebran todo el año, algunos desde hace más de un siglo. Obviamente, los protagonistas son el pescado y el mar.

Clima

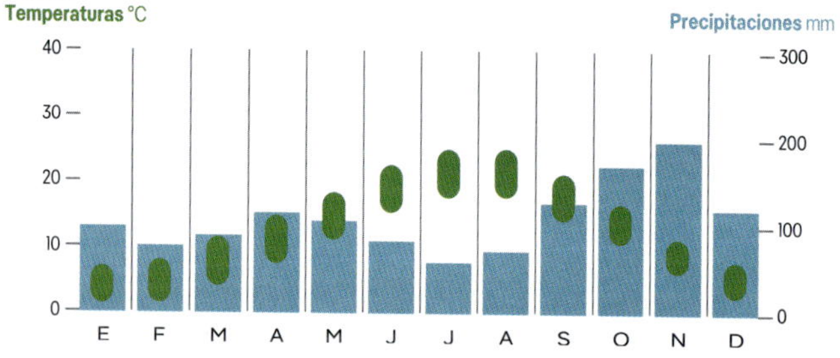

Palio del Golfo (p. 133).

Mayo Una explosión de limones domina Monterosso al Mare durante la **Sagra del Limone** (p. 82), cuando la ciudad se tiñe de amarillo y usa este cítrico para todo, desde tartas a helados.

Mayo Durante la **Sagra del Pesce** (p. 63), Camogli rinde homenaje a san Fortunato, el santo patrón de los pescadores, con una gran parrillada de pescado en la zona del puerto.

Ppios de junio Cada año impar, Génova queda invadida por el **Slow Fish** (p. 151), con mercados, catas y talleres en torno al Porto Antico.

Septiembre Además de limones, Monterosso es famoso por las anchoas, promovidas con entusiasmo en festivales anuales. El cierre de la temporada se celebra en la **Sagra dell'Acciuga Salata** (p. 82) con catas de anchoa salada.

Noviembre En la **Sagra del Pane dell'Olio** de Sestri Levante, una muestra de aceite de oliva ligur, no falta el estilo gastronómico con talleres, clases de cocina y circuitos guiados.

CONSEJOS SOBRE ALOJAMIENTO

Las tarifas pueden fluctuar enormemente según la temporada, con máximos en Pascua, verano y fiestas navideñas. Conviene reservar con antelación, sobre todo en verano en las zonas costeras más populares, cuando la demanda se dispara.

Cómo llegar

Los viajeros internacionales suelen entrar en la región por el aeropuerto Cristoforo Colombo de Génova. También se puede volar a Florencia, Turín o incluso Niza y luego tomar el tren.

Del aeropuerto al centro

En autobús y tren

AMT gestiona una lanzadera Airlink del aeropuerto a Stazione Genova Sestri Ponente-Aeroporto, desde donde se toma un tren de 15 min a Piazza Principe. La lanzadera sale cada 15 min.

En autobús

El AMT Volabus va de/a las dos estaciones de trenes principales de Génova (Piazza Principe y Brignole). Sale como mínimo cada hora de 5.00 a 23.45 al aeropuerto y de 5.50 a 0.20 desde el aeropuerto. Tarda 30 min y se paga el billete a bordo (10 €). Aceptan tarjetas de crédito.

En taxi

La carrera desde el aeropuerto cuesta unos 20-30 € según el tráfico. El aeropuerto está muy céntrico. Hasta Piazza Principe son unos 15 min.

Otros puntos de entrada

Stazione Principe y Stazione Brignole de Génova

Las dos estaciones principales tienen conexiones frecuentes a Milán (1½-2 h), Pisa (2 h), Roma (5 h) y Turín (2 h).

Stazione Principe suele tener más trenes, especialmente en dirección oeste a San Remo (2 h) y Ventimiglia (2½ h).

La Spezia Centrale es otro gran nodo regional con trenes regulares a Pisa, Florencia y Roma.

Terminal de ferris

Está en **Porto Antico** (Puerto antiguo), muy a mano del centro histórico. Desde aquí, hay ferris a Tánger (Marruecos), Barcelona (España), Túnez, Córcega (Francia), Cerdeña y Sicilia (Italia).

Cómo desplazarse

Liguria es una región estrecha ceñida a la costa, que no tiene nada a más de 30 km del mar. Es fácilmente accesible en transporte público y el tren es el principal *modus operandi*. La mayoría de los puntos de interés entre Génova y Cinque Terre tienen estación principal. A Portofino y el golfo de los Poetas hay un corto trayecto en autobús.

Tren

Es la mejor manera para recorrer la región; la costa está conectada con trenes confortables y económicos. Los servicios regionales que paran en la mayoría de las estaciones son muy frecuentes y raramente van con retraso. Muchos servicios son de Trenitalia, el ferrocarril estatal. La única excepción es Ferrovia Genova Casella, incluido en el sistema AMT de Génova.

Autobús

Conecta La Spezia con los pueblos del golfo de los Poetas (como San Terenzo, Lerici, Tellaro y Porto Venere), todos fuera de la red ferroviaria.

También hay prácticos servicios de autobús entre Santa Margherita Ligure y Portofino, y entre Cinque Terre y algunos pueblos periféricos. El autobús entre Corniglia y la estación de trenes es muy popular (para evitar los 377 escalones de la Lardarina).

Automóvil

Con tantos trenes y barcos que paran incluso en los pueblos más pequeños, no es muy necesario. Las *autostrade* (autopistas) A10 y A12 cruzan la región de oeste a este.

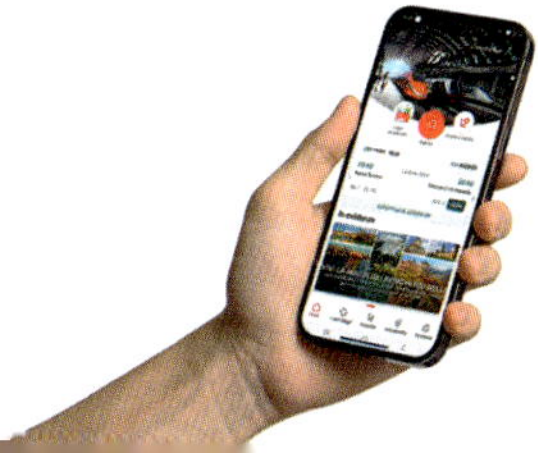

'APP' ESENCIAL

La **Trenitalia App** permite un *check-in* rápido y actualizaciones en tiempo real de los trenes.

DESDE IZDA.: PORNPRASIT PANADA/SHUTTERSTOCK ©, MIKADUN/SHUTTERSTOCK ©

Ascensores y funiculares

Hay varios que conectan el centro de Génova con los barrios altos del norte. El Ascensore Montegalletto cerca de la estación Piazza Principe es una cabina única que se traslada horizontal y verticalmente, cambiando a medio camino entre funicular y ascensor hasta Castello d'Albertis. Los ascensores de Spianata Castelletto acceden al famoso belvedere (puesto de vigilancia) por ambos lados: el oriental sube por una elegante torre de cristal *art nouveau*, mientras que la occidental luce un lujoso interior de madera.

El funicular Zecca-Righi data de finales del s. XIX y conecta el centro con Parco delle Mura en poco más de 15 min.

En Riomaggiore in Cinque Terre, un par de ascensores conectan la estación de trenes con las partes altas de la ciudad. Al igual que en La Spezia y Lerici.

Metro

En Génova hay una sola línea de metro que conecta con la estación principal Piazza Principe.

Barco

Varias compañías operan barcos de pasajeros entre ciudades y pueblos de la Riviera di Levante, como La Spezia, Cinque Terre, Rapallo, Portofino, Camogli y Génova. Algunos solo funcionan en temporada, otros todo el año. Pero cuidado: en caso de mar agitado puede haber cancelaciones de última hora.

A pie

Génova es fácilmente accesible a pie, sobre todo si se recorren los *caruggi* (callejones) mayormente peatonales y el viejo puerto. En los pueblos de Cinque Terre no circulan coches y están conectados por senderos bien señalizados.

Información práctica

Reserva de trenes

La mayor parte de los trayectos entre Génova y Cinque Terre se hace en trenes regionales. No hace falta reservar. Sí que es necesario reservar en trenes Intercity (IC) y AV (Frecciarossas).

Equipaje

No suele dar problemas, no se cobra ni hay vagón de equipajes en los trenes italianos. Simplemente se sube a bordo.

Pases

Un pase MetDaily cuesta 10 € y es válido 24 h en todo el transporte público y la línea Génova-Casella, el autobús del aeropuerto y el autobús 782 a Portofino.

La tarjeta Cinque Terre Treno MS Card incluye viajes ilimitados en tren y autobús entre Levanto y La Spezia (incluyendo los cinco pueblos de Cinque Terre). Hay opciones de uno, dos o tres días. Los precios varían según la temporada.

AUTOBÚS DE PORTOFINO

El autobús de Portofino a Santa Margherita Ligure va lleno y es caro (5 €). Es mucho más agradable ir a pie (4 km).

PRECIOS

Billete de autobús urbano
2 €

Cinque Terre Treno MS Card (pase de un/dos/tres días)
Desde 19,50/34/46,50 €

Tren regional de Génova a La Spezia
Desde 9,70 €

BILLETES

- Hay máquinas de billetes multilingües (llamadas *biglietto veloce*) en todas las estaciones de trenes y son fáciles de usar. Aceptan efectivo y tarjeta de crédito. En las estaciones grandes también hay taquillas en horario de oficina.
- Los billetes de tren regional sin fecha deben validarse en las máquinas *convalida* verde y gris situadas en la estación antes de subir al tren.
- Los billetes sencillos para todas las opciones de transporte público de Génova (autobús, ascensor, funicular y metro) cuestan 2 €. Se compran en estancos, bares, pequeñas tiendas, oficinas de información turística o con la *app* AMT Genova. Los billetes se validan en el autobús/tren. Una vez validados, sirven durante 110 min.

Otra cara de Génova y Cinque Terre

No todo son helados y postureo en una *piazza*. Existe otra forma de ver la Riviera más allá de los típicos destinos turísticos.

Defensas de la II Guerra Mundial

La mayor parte de las batallas de la II Guerra Mundial se libraron en el sur y centro del país. Sin embargo, Liguria, estratégicamente situada en la costa, creó un potente arco de puestos diseñados para repeler posibles ataques aliados. Hay fortines de hormigón, como el del **promontorio de San Cristoforo** (p. 75) en Monterosso, o búnkeres y casas cuartel en **La Batterie** (p. 59), en la península de Portofino. La mayoría de las defensas fueron construidas por italianos, pero tomadas por los alemanes tras el armisticio de 1943, que también instalaron una batería antiaérea sobre el castillo histórico de Vernazza.

Senderos supertranquilos

La Riviera es tristemente famosa por la masificación estival, pero es posible disfrutar de una agradable tranquilidad fuera de las sendas principales por rutas menos trilladas, como la **Alta Via delle Cinque Terre** (p. 70), los senderos en torno a Lerici y Tellaro, y la red de antiguas vías del **Parco delle Mura** (p. 40), en Génova.

Iglesias como galerías de arte

Por los angostos *caruggi* (p. 44) de Génova se distinguen puertas de madera de iglesias que pasan desapercibidas; son recónditas bellezas barrocas decoradas con elaborados frescos, como la **Basilica di San Siro**, magníficamente decorada, la colorida **Chiesa di San Filippo Neri** y la gran **Basilica della Santissima Annunziata del Vastato**, en forma de templo, con frescos dorados en el techo que son una auténtica maravilla.

FUERA DE RUTA

El "clandestino" **Malkovich** (p. 50) es el bar más secreto de Génova, con contraseña para entrar y magníficos cócteles.

Lentamente repobladas por la naturaleza, las ruinas de **Portesone** (p. 137) son un espectral antídoto a los callejones del cercano Tellaro.

Como un Hércules herido tallado en la roca, la **Statua del Gigante** (p. 75) de Monterosso todavía tiene un gran poder de atracción.

En el **Castello d'Albertis** (p. 43) de Génova se exhibe la enigmática colección del antiguo capitán de barco y trotamundos Enrico Alberto d'Albertis.

Sendero, Parco delle Mura (p. 40).

Basilica della Santissima Annunziata del Vastato (p. 44).

Explora Génova y Cinque Terre

Circuitos a pie

Manarola (p. 109).
YOSUKE8/SHUTTERSTOCK ©

Sugerencias de lugares para comer, beber y comprar en **p. 48**

Explora Génova

Calles sombrías y elegantes *piazze*, pesto recién hecho y crujientes *focacce*, edificios raídos y palacios que rivalizan por su vertiginosa opulencia. Bienvenidos a Génova, la capital cultural de la Riviera italiana, una extensa ciudad portuaria, otrora dueña y señora de un imperio marítimo que dominó el comercio y las finanzas del Mediterráneo durante 700 años. Descarnada y refinada a partes iguales, su patrimonio es inmenso. Los principales atractivos para el visitante moderno son los *caruggi* (callejones) medievales, la comida sencilla de las *trattorie* y los espectaculares Palazzi Rolli, 42 viviendas aristocráticas de los ss. XVI y XVII que acogen colecciones de arte de primer orden. Y como un telonero moderno, las innovaciones del rejuvenecido puerto, incluido el segundo acuario más grande de Europa.

Cómo desplazarse

A pie

La ciudad es accesible a pie, aunque es probable perderse en algún momento por los laberínticos *caruggi*.

Ascensores y funiculares

Varios ingeniosos ascensores y funiculares conectan el centro con los barrios altos del norte.

Autobús

La red local llega a las playas que lindan con Corso Italia o se puede caminar por Corso Aurelio Saffi desde el Porto Antico (3 km).

Metro

Solo hay una línea que interconecta con la estación de trenes Piazza Principe.

Patio interior, Palazzo Doria-Tursi (p. 38).

★ **LO MEJOR**

'TRATTORIA'
Cavour 21 (p. 48)

LA PAUSA DEL CAFÉ
Marescotti di Cavo (p. 50)

'PALAZZO' PATRIMONIO MUNDIAL
Palazzo Reale (p. 42)

PASEO VESPERTINO
Passeggiata Anita Garibaldi (p. 47)

MUSEO
Galata Museo del Mare (p. 46)

CIRCUITO A PIE

Paseo por el Porto Antico

El viejo puerto en forma de cimitarra es donde se estableció por vez primera la ciudad y fue objeto de un ambicioso proyecto de reconstrucción para la Expo de 1992.

INICIO	FINAL	DURACIÓN
La Lanterna	Palazzo San Giorgio	3½ km, 4 h

1 La Lanterna

Puede que el puerto haya cambiado radicalmente desde su renacimiento en la década de 1990, pero su emblemático centinela sigue impertérrito desde 1543. El **faro** de Génova es uno de los más antiguos y altos del mundo, todavía en funcionamiento, con un haz de 50 km que guía a buques y petroleros. Se pueden subir los 172 peldaños y examinar las exposiciones en el adyacente museo de lámparas, lentes e historia asociada.

2 Museo del mar

Se sigue la curva del puerto hacia el nordeste hasta el **Galata Museo del Mare** (p. 46), con sus cuatro plantas de cuidadas exposiciones que trazan la historia marítima de Génova con maquetas de antiguos galeones y galeras.

3 Galeón atracado

Dos muelles más al este se encuentra un barco anclado, **Neptuno,** una reproducción de un galeón del s. XVII usado en películas y un gozo para los niños que corretean por cubierta.

4 Mundo submarino

Allí cerca, el "nuevo puerto" de Renzo Piano está anclado junto al gigantesco **acuario,** el segundo más grande de Europa, que protege 400 especies marinas en 70 tanques, incluyendo tiburones, delfines, pingüinos y focas.

5 Invernadero colosal

Una gigantesca esfera de cristal que preserva un miniecosistema húmedo con plantas tropicales, mariposas y aves, la **Biosfera** es una innovadora adición al puerto, aunque ver su colección vegetal no lleva más de 15 min. La temperatura ambiente en el interior se controla por ordenador. Fue diseñada por Renzo Piano en 2001 y los residentes la llaman "*la bolla*" (la burbuja).

6 Subir en ascensor

Se sigue por el muelle hasta el **Bigo,** un ascensor panorámico diseñado a semejanza de las grúas que antes descargaban los barcos.

7 Múltiples sabores

El edificio Millo de finales del s. XIX, antiguo almacén bullicioso, ahora alberga el igualmente bullicioso **Eataly** (p. 51), el delicioso emporio gastronómico italiano con su restaurante de marisco asociado, Il Marin (p. 50).

8 Palacio con murales

El **Palazzo San Giorgio,** en el frente marítimo, fue construido en 1260. San Jorge es uno de los patrones de Génova y el matadragones ocupa un lugar destacado bajo el reloj. Los seis hombres representados debajo son algunos de los hijos predilectos más famosos de Génova, como Cristóbal Colón, el segundo por la izquierda.

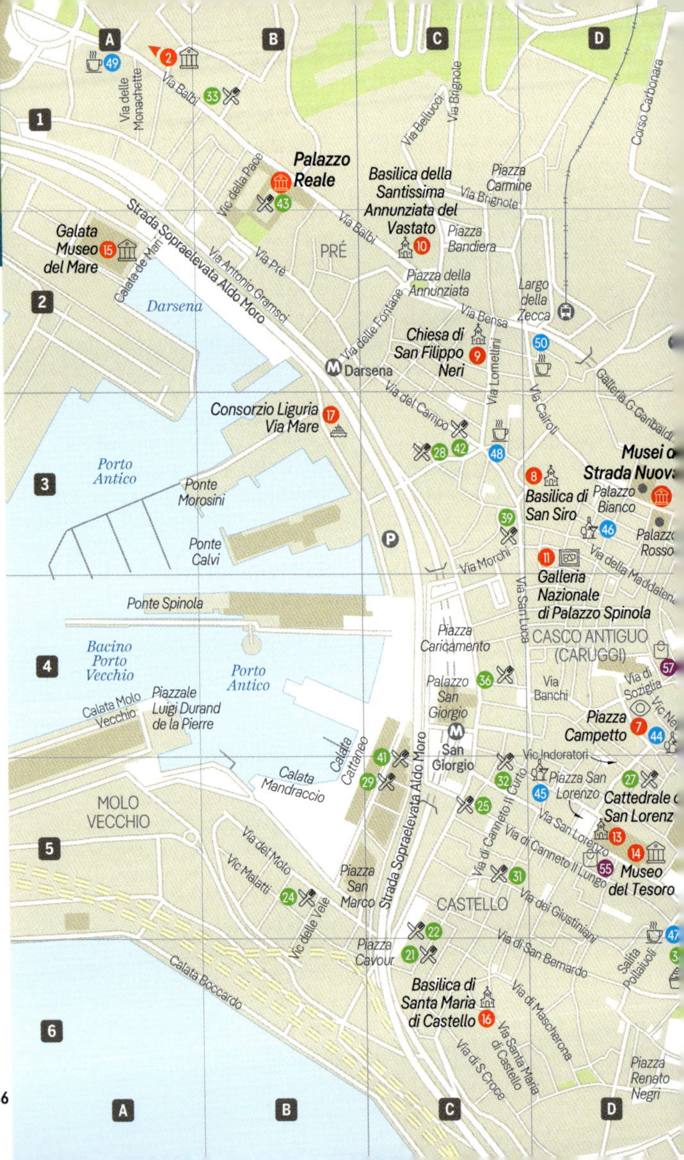
A
B
C
D
1
2
3
4
5
6
Via delle Monachette
Via Balbi
Via Bellucci
Via Brignole
Corso Carbonara
Palazzo Reale
Vic della Pace
Basilica della Santissima Annunziata del Vastato
Piazza Carmine
Via Brignole
Piazza Bandiera
Strada Sopraelevata Aldo Moro
Via Antonio Gramsci
Via Pré
PRÉ
Galata Museo del Mare
Calata de Mari
Darsena
Piazza della Annunziata
Largo della Zecca
Via Bensa
Via delle Fontane
Chiesa di San Filippo Neri
Via Lomellini
Darsena
Via Cairoli
Galleria G.Garibaldi
Via del Campo
Consorzio Liguria Via Mare
Musei di Strada Nuova
Porto Antico
Ponte Morosini
Basilica di San Siro
Palazzo Bianco
Palazzo Rosso
Ponte Calvi
Via Morchi
Via della Maddalena
Galleria Nazionale di Palazzo Spinola
Via San Luca
Ponte Spinola
Piazza Caricamento
CASCO ANTIGUO (CARUGGI)
Bacino Porto Vecchio
Porto Antico
Palazzo San Giorgio
Via Banchi
Via di Soziglia
Calata Molo Vecchio
Piazzale Luigi Durand de la Pierre
Piazza Campetto
San Giorgio
Calata Cattaneo
Vic Indoratori
Piazza San Lorenzo
Cattedrale di San Lorenzo
Calata Mandraccio
MOLO VECCHIO
Via di Canneto il Curto
Via San Lorenzo
Via di Canneto Il Lungo
Via del Molo
Vic Malatti
Strada Sopraelevata Aldo Moro
Museo del Tesoro
Piazza San Marco
CASTELLO
Via dei Giustiniani
Via delle Vele
Piazza Cavour
Via di San Bernardo
Salita Pollaiuoli
Calata Boccardo
Basilica di Santa Maria di Castello
Via di Mascherona
Via Santa Maria di Castello
Via di S.Croce
Piazza Renato Negri
49
2
33
43
15
10
50
9
17
48
28
42
8
39
46
11
57
36
7
44
41
29
32
27
45
25
13
14
55
31
24
22
21
47
16
A
B
C
D

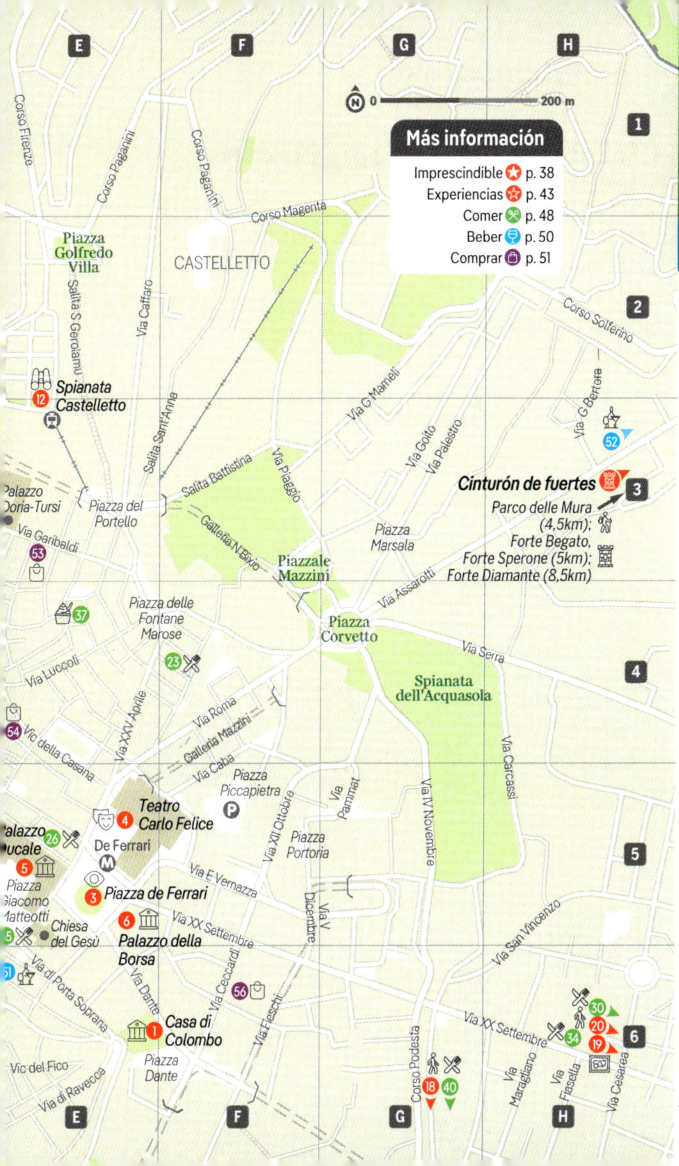
E
F
G
H
1
2
3
4
5
6
0
200 m
Más información
Imprescindible p. 38
Experiencias p. 43
Comer p. 48
Beber p. 50
Comprar p. 51
Corso Firenze
Corso Paganini
Corso Magenta
Piazza Golfredo Villa
CASTELLETTO
Salita S Gerolamo
Via Caffaro
Spianata Castelletto
12
Salita Sant'Anna
Salita Battistina
Via G Mameli
Corso Solferino
Via G Bertora
52
Via Goito
Via Palestro
Via Piaggio
Cinturón de fuertes
Parco delle Mura (4,5km);
Forte Begato, Forte Sperone (5km);
Forte Diamante (8,5km)
Palazzo Doria-Tursi
Piazza del Portello
Galleria N Bixio
Piazza Marsala
Via Garibaldi
53
Piazzale Mazzini
Via Assarotti
Piazza delle Fontane Marose
37
Piazza Corvetto
Via Serra
23
Via Luccoli
Spianata dell'Acquasola
Via Roma
Galleria Mazzini
Via XXV Aprile
54
Vic della Casana
Via Caba
Via Carcassi
Piazza Piccapietra
Via Pammat
Via IV Novembre
Teatro Carlo Felice
4
Palazzo Ducale
26
De Ferrari
Via XII Ottobre
Piazza Portoria
5
Piazza Giacomo Matteotti
Via E Vernazza
3
Piazza de Ferrari
Via V Dicembre
6
Via XX Settembre
Chiesa del Gesù
Palazzo della Borsa
Via San Vincenzo
Via di Porta Soprana
Via Dante
Via Ceccardi
56
Via Fieschi
30
Via XX Settembre
20
34
19
1
Casa di Colombo
Piazza Dante
Corso Podestà
18
40
Via Maragliano
Via Fiasella
Via Cesarea
Vic del Fico
Via di Ravecca

★ IMPRESCINDIBLE

Musei di Strada Nuova

Strade Nuove o "Calles Nuevas" es el nombre colectivo dado a tres vías interconectadas creadas en la cúspide de la Génova medieval en el s. XVI. Albergan tres de los Palazzi Rolli más notorios, construidos entre 1530 y 1670 y reformados como museo conjunto en 2004.

PLANO: P. 36 **D3-E3**

CONSEJO
La entrada combinada a los tres Musei di Strada Nuova cuesta 9 € en taquilla y 10 € en línea.

Escanea este código QR para precios y horarios.

Strade Nuove

Es el término usado para denominar las Vias Balbi, Cairoli y Garibaldi, unas avenidas diseñadas en el s. XVI para alojar los Palazzi Rolli. Construidas y financiadas por ricas familias aristocráticas genovesas, como Doria, Spinola y Lomellino, estas lujosas residencias privadas se construyeron entre 1530 y 1670 en estilo renacentista y barroco, con elaborados interiores embellecidos con frescos y estucos.

Palazzo Bianco

Es el más antiguo de los tres, construido entre 1530 y 1540 por la familia aristocrática Grimaldi, y exhibe obras de artistas flamencos, españoles e italianos. En la actualidad, posee la mejor colección de antiguos maestros de Génova: destacan *Ecce Homo,* de Caravaggio, *Venus y Marte* de Rubens y *Vertumno y Pomona* de Van Dyck, pero también se muestran obras de Hans Memling, Filippino Lippi y pintores barrocos españoles.

Palazzo Doria-Tursi

El mayor de los tres palacios es también el ayuntamiento y el visitante puede pasearse libremente por el patio para admirar las terrazas exteriores y la suntuosa escalinata.

TRABANTOS/SHUTTERSTOCK ©

En el museo tiene especial interés la colección de efectos personales del legendario violinista genovés Niccolò Paganini, como su violín "Cannone" *(cañón),* fabricado en Cremona en 1743 y llamado así por su potente tono. Solo un músico afortunado puede tocarlo durante el festival Paganini en octubre.

UNA PAUSA
El Palazzo Rosso tiene su propio café-restaurante, el **Mentelocale** ("Mente local", p. 50), que sirve café, tentempiés y un bufé de aperitivos por la tarde.

Palazzo Rosso

Probablemente el más prototípico (foto), fue el último en incorporarse. Construido en la década de 1670, demasiado tarde para incluirlo en las "listas" originales, sus salas con lujosos frescos constituyen un increíble telón de fondo de obras de Van Dyck, Guido Reni, Guercino, Dürer y Bernardo Strozzi. Las obras de restauración en 2022 resucitaron un fresco en el techo de Gregorio de Ferrari en la Sala della Primavera, mientras que varios apartamentos vanguardistas en un altillo de la planta superior incluyen un insólito salón en forma de gruta y una magnífica alcoba.

★ IMPRESCINDIBLE

Cinturón de fuertes

A poca distancia del centro gracias a un funicular, este parque natural contiene las ruinas bien conservadas de varios fuertes. Esta visita constituye una intrigante introducción al primer papel de Génova como poder marítimo.

PLANO: P. 36 **H3**

CONSEJO
Es buena idea proveerse de *focaccia* y *panini* en Génova y hacer un pícnic junto a las ruinas de las montañas. Hay varias áreas de pícnic señalizadas.

Escanea este código QR para más información sobre Parco delle Mura.

Una red defensiva

Como poderosa ciudad estado, Génova buscó protección detrás de un impresionante sistema de muros y fuertes construidos y reconstruidos bajo diversas formas a partir del s. IX. Los bastiones más ambiciosos, llamados "Nuevos Muros", se construyeron entre 1626 y 1639 en los altos riscos que rodeaban la ciudad por el lado terrestre. En su punto álgido, se extendían 20 km y estaban rematados por fuertes. Varias de estas estructuras siguen intactas y se pueden explorar a pie en una excursión de un día desde Génova.

Explorar los fuertes

Se empieza con un trayecto de 10 min en funicular desde Zecca, en el centro, al barrio alto de Righi, desde donde una carretera asfaltada continúa cuesta arriba hasta el **Parco delle Mura,** un área protegida con media docena de fuertes que se pueden recorrer en una ruta circular de tres horas.

El primer fuerte, **Castellaccio,** tiene un pequeño café construido bajo un arco junto a la carretera, ideal para un refrigerio y buen punto de orientación. Desde aquí, un corto trecho por carretera asfaltada lleva a **Forte Begato** y **Forte Sperone** (foto), dos ciudadelas bien conservadas que datan de 1820. Desde Seprone hacia el norte, un camino que recorre la cresta pasa por el Forte Puin privado, antes de descubrir los imponentes muros de **Diamante** (1756), el más alejado de

COLLECTION MAYKOVA/SHUTTERSTOCK ©

todos, asentado sobre una colina de 667 m de alto cual castillo encantado.

Territorio de senderismo

Actualmente, todos los fuertes están cerrados al público, y en reparación. Sin embargo, es posible acercarse para tocar los muros históricos y disfrutar de las magníficas vistas sobre Génova y las colinas y picos circundantes. Igualmente atractivas son las rutas de senderismo que discurren por bosques moteados por el sol y praderas llenas de mariposas en verano.

La Ferrovia Genova-Casella

Este **ferrocarril de vía estrecha** de 1929 ofrece vistas espectaculares de los fuertes de Génova en su serpenteante recorrido de 25 km al norte de la hermosa Stazione di Genova Piazza a Trensacaso, donde un sendero vira al oeste hasta Forte Diamante.

UNA PAUSA
Ostaia du Richetto
(p. 51) es un sencillo café-restaurante ubicado en una vieja torre que forma un arco sobre la carretera en la entrada del Parco delle Mura.

★ IMPRESCINDIBLE

Palazzo Reale

Antigua residencia de la dinastía Saboya, es el célebre Versalles de Génova con sus jardines con terrazas, mobiliario exquisito, una magnífica colección de arte genovés del s. XVII y un Salón de los Espejos dorado con un inquietante parecido a su homólogo francés. Probablemente es el edificio más emblemático de la ciudad.

PLANO: P. 36 **B1**

CONSEJO
Para visitar los Musei di Strada Nuova y otros puntos de interés de Génova, se recomienda la **Card Musei di Genova** (tarjeta Museos de Génova), que da acceso a 25 museos de la ciudad.

Escanea este código QR para más información sobre el palacio.

Historia del palacio

Construido por la familia Balbi en la década de 1640 y legado al clan Durazzo en 1677, el palacio fue finalmente adquirido por la Casa de Saboya en 1824 y acabó siendo una residencia de verano para el rey. Los Saboya renovaron varias salas y construyeron una sala del trono, una sala de audiencias y un salón de baile, entre otras remodelaciones. Fue residencia real hasta 1919, cuando el rey Víctor Manuel III la cedió al estado italiano.

Salas y pinturas

La grandeza de esta noble residencia se hace evidente conforme se suben las escaleras y se recorren varias salas de elaborada decoración. En ellas se puede ver una mezcla de óleos de gran tamaño, profusos detalles de estuco, esculturas clásicas de mármol, tapices flamencos y deslumbrantes frescos en el techo.

Jardines y exterior

Para apreciar aún mejor la magnitud y opulencia del palacio, se puede entrar en los jardines posteriores donde la alta fachada de terracota se eleva sobre un intricado jardín diseñado al estilo de un ninfeo romano. Desde las terrazas superiores se distingue mejor el estanque rodeado por un evocador mosaico de piedrecitas en el centro.

EXPERIENCIAS

Visitar la casa natal de Cristóbal Colón

MUSEO

PLANO: 1 P. 36 **E6**

Hablando de origen humilde, el hombre responsable de unir dos continentes e, involuntariamente, poner tomate en la *pizza* nació en Génova en 1451. Hay que tomar con cautela esta diminuta morada y su museo *(museidigenova.it; entrada 3 €)*: **Casa di Colombo** es una reconstrucción de la casa original donde Colón vivió entre 1455 y 1470, con algunos breves pero interesantes detalles de la vida y viajes del gran navegante. Curiosamente, se halla fuera de las murallas de la vieja ciudad, a la sombra de la fortificada Porta Soprana, construida en 1155.

Explorar el ecléctico Castello d'Albertis

MUSEO

PLANO: 2 P. 36 **A1**

De finales de la década de 1880, este Xanadú neogótico en el barrio de Castelletto fue construido a semejanza de un castillo por el navegante, escritor y filántropo italiano Enrico d'Albertis. El **museo** *(museidigenova.it; adultos/niños 6/4,50 €)* alberga una amplia variedad de artefactos etnográficos de todo el mundo recopilados por D'Albertis durante sus viajes.

Las luminosas galerías exponen desde cerámica precolombina hasta medicina tradicional del Lejano Oriente. La terraza arbolada de la entrada ofrece buenas vistas de la ciudad. Está en lo alto de una breve cuesta desde Stazione Piazza Principe; si no se quiere caminar, hay el Ascensore Montegalletto.

Una pausa en Piazza de Ferrari

PLAZA

Sin duda la más distinguida de Génova, la hermosa **Piazza de Ferrari** (PLANO: 3 P. 36 **E5**), con su delicada fuente, ofrece un alivio visual al visitante que sale de los confines de los *caruggi*. Está enmarcada por una hilera de edificios prestigiosos como el **Teatro Carlo Felice** neo-griego (PLANO: 4 P. 36 **E5**; *opera carlofelicegenova.it*); en la página web figura la programación de ópera; el neoclásico **Palazzo Ducale** (PLANO: 5 P. 36 **E5**; *palazzoducale.genova.it; adultos/niños 14/8 €*), que alberga exposiciones de calibre internacional; y el **Palazzo della Borsa** (PLANO: 6 P. 36 **E5**), antigua sede de la bolsa de la ciudad.

Hay varios cafés donde se puede disfrutar de una larga pausa.

Disfrutar de una 'trattoria' genovesa

COMIDA

Prego. El comensal toma asiento en una tambaleante mesa de madera, examina el menú garabateado en la pizarra y coge una rebanada de pan recién hecho de la generosa cesta que depositan en la mesa incluso antes de poder sentarse. Así son las *trattorie* genovesas, preciados crisoles de lo que los italianos llaman *cucina casalinga* (cocina

LOS MATICES DEL PESTO

Sería un pecado visitar Génova y no probar el *pesto genovese*. Esta famosa salsa para pasta se elabora moliendo hojas de albahaca fresca (de cultivo local), piñones sin tostar, aceite de oliva virgen extra, queso (una mezcla de *parmigiano reggiano* y *pecorino*), sal y una pizca de ajo crudo. Para ser exactos, hay que moler los ingredientes con un mortero hecho de mármol de Carrara. El resultado es una salsa espesa y aromática elaborada con técnicas mejoradas durante generaciones.

casera); sencillos y deliciosos platos locales sin adornos que llegan a la mesa más deprisa que un Big Mac, pero destilan una cultura gastronómica centenaria.

Todas sirven los consagrados clásicos genoveses: *trofie* al pesto, *pansotti* (raviolis rellenos de hierbas) y salsa de nueces, ragú de *coniglio* (conejo), *farinata* (pan plano de garbanzo), empanadas de verduras y anchoas cocinadas de mil maneras. Los *caruggi* esconden lo mejor de lo mejor, especialmente la sección suroriental en torno a Piazza Cavour. Una buena opción es la Trattoria delle Grazie (p. 48) o hacer cola en Cavour 21 (p. 48).

Perder el norte en los 'caruggi' — BARRIO HISTÓRICO

Muchas ciudades italianas están entrecruzadas por oscuras calles medievales, pero ninguna es tan laberíntica como Génova. Los famosos *caruggi* conforman un desconcertante entramado de tortuosas calles y callejones sombríos, algunos tan estrechos que los residentes literalmente pueden asomarse y pegar al vecino de enfrente. Para el visitante resulta casi imposible seguir un itinerario preestablecido; lo mejor es dejarse llevar y aventurarse entre ruidosas *trattorie* y centenarias tiendas especializadas hasta encontrarse en una *piazza* estrecha adornada con una iglesia con frescos o un florido palacio.

En este angosto y tortuoso barrio, vale la pena ir a **Piazza Campetto** (PLANO: 7 P. 36 **D4**), cuyos palacios se han convertido en bares y tiendas bohemios; la **Basilica di San Siro** (PLANO: 8 P. 36 **D3**), cuyas clásicas fachadas esconden sorprendentes interiores barrocos; la colorida **Chiesa di San Filippo Neri** (PLANO: 9 P. 36 **C2**) y la **Basilica della Santissima Annunziata del Vastato** (PLANO: 10 P. 36 **C2**), en forma de templo.

En el Caffè degli Specchi (p. 50), el poeta italiano Dino Campana tomaba cafés exprés mientras escribía sus elegíacas reflexiones.

Encontrar tiempo para la Galería Nacional — GALERÍA

PLANO: 11 P. 36 **D3**

Incluido en la entrada al Palazzo Reale, el Palazzo Spinola di Pelliceria, escondido en un *caruggi*, acoge la **Galleria Nazionale di Palazzo Spinola** *(museidigenova.it; adultos/reducida 10/6 €),* con una magnífica exposición de pinturas renacentistas italianas y flamencas de la llamada Escuela Ligur distribuida en cuatro plantas. Destaca el hercúleo *Retrato de Giovanni Carlo Doria a caballo* de Rubens. Incluso la arquitectura es esplendorosa, como un fresco en el techo que representa el Asedio de Lisboa de Lazzaro Tavarone.

Subir en ascensor a Spianata Castelletto MIRADOR

PLANO: 12 P. 36 **E2**

Antes fuera de la ciudad y ahora en pleno centro, este magnífico **mirador** es accesible por un breve ascenso pronunciado o un rápido trayecto en ascensor desde Via Garibaldi. La extensa *spianata* (explanada) en la cima está bordeada de palmeras y se abre ante el anfiteatro natural de Génova en todo su esplendor alrededor del puerto. En el s. XIX se retiró un robusto *castelletto* (pequeño castillo) que se erigía aquí. Así es Italia; incluso los ascensores *art nouveau* (hay dos) son hermosos.

Explorar una de las catedrales más inusuales de Italia IGLESIA

Aunque el viajero se haya hartado de iglesias italianas, la **Cattedrale di San Lorenzo** (PLANO: 13 P. 36 **D5**) merece un examen detallado. Curiosa mezcla de dos estilos arquitectónicos rivales, románico y gótico, debe su supervivencia a la mala calidad de una bomba británica lanzada en 1941 desde un barco del puerto que no explotó. El proyectil defectuoso se exhibe en el flanco derecho de la nave como una macabra pieza de museo. Con sus pórticos góticos en la fachada, columnas retorcidas y leones agachados, la catedral se consagró en 1118 pero fue prácticamente reconstruida en la década de 1300. Los dos campanarios y la cúpula se añadieron en el s. XVI.

En el oscuro interior románico con columnas blancas y negras resplandecen los espectaculares frescos de Lazzaro Tavarone sobre el altar. Tavarone también pintó la

RUBENS EN GÉNOVA

A veces llamado "el padre del barroco", el pintor flamenco Peter Paul Rubens fue un influyente artista que se inspiró en la obra de Tiziano y Caravaggio para crear unas pinturas espectaculares, coloridas y con cuerpo que a su vez influyeron en artistas como Van Dyck, Strozzi y la emergente escuela genovesa. A principios del s. XVII, pasó casi una década viajando por Italia, en su mayor parte en Génova, donde recibió encargos de las familias más poderosas y adineradas, para las que pintó notables retratos. Rubens dejó su impronta en la ciudad, como dos ilustres obras religiosas en la **Chiesa del Gesù.**

BERNARDO STROZZI

Quien no tenga tiempo para conocer más que un artista de la distinguida escuela genovesa, que sea **Bernardo Strozzi** (1581-1644). Antiguo fraile del monasterio capuchino de Génova, sus primeras pinturas eran principalmente religiosas, influidas por la estética manierista prevaleciente. Tras descubrir a Caravaggio en 1610, Strozzi desarrolló un estilo más naturalista, caracterizado por colores intensos, luz de contraste y una rica sensualidad. Hacia el final de su carrera empezó a pintar escenas de género y naturaleza muerta inspiradas en los artistas flamencos activos en Génova como Rubens y Van Dyck.

inquietante *Última cena* en la nave derecha. La sacristía custodia el **Museo del Tesoro** (PLANO: 14 P. 36 **D5**; *museidigenova.it; adultos/niños 5/4 €*), un extraño cofre del tesoro que preserva varias reliquias sagradas de cuestionable procedencia, como el "Sacro Catino" medieval, un recipiente de cristal antes considerado el Santo Grial.

Visitar el Museo marítimo por excelencia — MUSEO

PLANO: 15 P. 36 **A2**

Génova era una potencia marítima en el Renacimiento y la Edad Media solo igualada por Barcelona y Venecia; por eso el **Galata Museo del Mare** *(galatamuseodelmare.it; adultos/reducida 17/14 €)* es uno de los museos más relevantes e interesantes de Europa en su género. Las vanguardistas exhibiciones trazan la historia de la navegación, desde el reinado de Génova como mayor astillero del continente hasta los tiempos de los barcos de vela y vapor.

En la planta baja hay una sección dedicada a Cristóbal Colón, además de una reconstrucción a escala de una galera del s. XVII, amenizada con efectos de sonido y fragmentos de películas. La segunda planta alberga una valiosa colección de antiguos mapas y globos terráqueos y la tercera muestra documentación más reciente de la emigración italiana por mar. El mirador ofrece una de las mejores vistas del puerto.

Descubrir una iglesia olvidada de Génova — IGLESIA

PLANO: 16 P. 36 **C6**

Los *caruggi* de Génova esconden un montón de iglesias bellamente decoradas que poco prometen por fuera. Una de las más antiguas y olvidadas es la **Basilica di Santa Maria di Castello** románica *(santamariadicastello.it)* y su convento, construida antes del año 900, cuyas paredes están cubiertas de tesoros encargados por las familias nobles de tiempos antiguos.

También hay notables frescos de los ss. XVI y XVII. Allí mismo, unos fantásticos guías cuentan la historia del edificio.

Avistar ballenas en la Riviera

CIRCUITO DE FAUNA

PLANO: 17 P. 36 **B3**

Ver a los mayores mamíferos de la naturaleza quizá no sea lo primero que uno asocia con Génova, pero la experiencia de ver ballenas –con buen tiempo– puede dejar una profunda impresión. El santuario de Pelagos es una sección del Mediterráneo en forma de rombo entre Cerdeña, la Toscana y la costa ligur protegida como área marina. Alberga una saludable población de delfines rayados, tortugas, aves marinas y calderones, cachalotes y rorcuales comunes.

Consorzio Liguria Via Mare *(liguriaviamare.it; circuitos adultos/niños 42/25 €)* ofrece circuitos de 5 h con el asesoramiento de WWF, acompañados por un biólogo marino con profundos conocimientos sobre los mamíferos marinos. El barco de 160 asientos es accesible en silla de ruedas y sale del Porto Antico de Génova.

Una copa vespertina en Boccadasse

BARRIO

PLANO: 18 P. 36 **G6**

El atardecer es el momento de acompañar a los genoveses en su *passeggiata* (paseo vespertino) por el paseo marítimo, Corso Italia, que empieza unos 3 km al este del centro de Génova. Esta amplia avenida de 2,5 km bordeada de extravagantes villas y sofisticados clubes de playa termina en **Boccadasse,** antaño un pueblo pesquero independiente que luce como un miembro periférico de Cinque Terre. Su resguardada playa es ideal para tomarse un helado o unas copas contemplando la puesta de sol.

Más historia del arte genovesa en Nervi

MUSEO

PLANO: 19 P. 36 **H6**

El barrio genovés de Nervi posee un cuarteto de museos de arte que bien merecen una excursión de un día. De los cuatro, la **Galleria d'Arte Moderna** *(museidigenova.it; entrada combinada 8 €),* que ocupa la Villa Saluzzo del s. XVII, es el más notorio. A modo de epílogo de las obras barrocas recogidas en los Palazzi Rolli de Génova, despliega la colección del antiguo príncipe Otón de Saboya, con obras de artistas de los ss. XIX y XX como el futurista Fortunato Depero, el escultor fascista semioficial Arturo Martini y el lírico y excéntrico Filippo De Pisis.

Unirse a la Passeggiata

PASEO PEATONAL

PLANO: 20 P. 36 **H6**

El paseo de 2 km de Nervi, la **Passeggiata Anita Garibaldi,** es un fuerte competidor del mejor paseo vespertino de Liguria. Un sendero de terracota elevado enclavado en el rocoso litoral zigzaguea entre promontorios y estrechas ensenadas donde los bañistas italianos se tumban allí donde encuentran una roca plana. La antigua torre de vigilancia se ha convertido en galería de arte.

SUGERENCIAS

Lo mejor para...

€ Económico €€ Medio €€€ Alto

Localizaciones en el plano de la **p. 36**

Comer

'Trattorie' genovesas tradicionales

Cavour 21 €
21 C6
Largas colas, servicio veloz y rotación rápida caracterizan este local junto al viejo puerto. Se recomienda el copioso *coniglio* (ragú de conejo). *12.00-14.30 y 19.00-22.30*

Trattoria delle Grazie €
22 C5
En un callejón con terraza exterior, sirve delicias como pesto *mandilli* (con fideos tipo lasaña), anchoas y *pansotti* (raviolis rellenos de hierbas) con salsa de nueces. *12.30-14.00 y 19.30-21.30 ju-ma*

Trattoria da Maria €
23 F4
Almuerzos ultrarrápidos de sencillo *cibo* (comida callejera) genovés acompañado de pan y jarras de vino. Lo mejor es la sopa minestrone. *11.45-14.45 lu-sa, 18.15-22.00 ju y vi*

Osteria di Vico Palla €
24 B5
Famosa por su estofado de bacalao seco con patatas, aceitunas y pesto, está cerca del puerto y es tan antigua que el pintor flamenco del s. XVII Van Dyck ya solía cenar aquí. *12.00-15.00 y 19.30-22.45 ma-do*

Trattoria della Raibetta €€
25 C5
Acogedora *trattoria* de techo bajo de ladrillo abovedado que sirve un *trofiette al pesto* como Dios manda (con judías verdes y patata), además de ensalada de pulpo, pescado fresco y exquisito pastel de chocolate. *12.00-14.00 y 19.30-22.00 ma-do*

Trattoria Rosmarino €€
26 E5
Más elegante que las *trattorie* comunes, es ideal para una cena romántica con comida sin florituras cerca de la Piazza de Ferrari. *12.30-14.30 y 19.30-22.30 lu-sa*

Giardino degli Indoratori €€
27 D5
Sentado en una mesa en un *caruggi* o recostado en un acogedor comedor monocromo, el comensal podrá degustar marisco y *primi* de verduras de temporada, como *linguine*, ñoquis o *risotto* y pasta rellena, y terminar con un celestial tiramisú de pistacho. *12.00-15.00 y 19.00-23.00 lu-sa, 19.00-23.00 do*

'Pizza' de genuina a 'gourmet'

Pizzeria Savô €€
28 C3
Una *pizza gourmet* en Italia puede parecer un oxímoron, pero aunque las del Savô son indudablemente sofisticadas según la norma local, cumplen con las expectativas con productos de máxima calidad. *12.00-14.30 y 19.00-22.30 lu-vi, 19.00-22.30 sa y do*

I Tre Merli €€

29 C5

A quien no le importe la compañía turística y busque un menú con opciones de todos los géneros, desde hamburguesas con queso a *pizzas* y *focacce* al horno de leña, le gustará el "Tres mirlos" situado en el viejo puerto, en el edificio Millio del s. XIX junto a Eataly. *12.10-15.00 y 19.30-23.00*

Platos de carne creativos

Matamà €€

30 H6

Prepara filetes, costillas, estofados y pasta en un interior tipo bistró cerca de Porticiollo, en Nervi. El cambiante menú incluye Wagyu, Bourguignonne y entrecot argentino, todo maridado con una copa de oporto. *19.30-24.00 mi-lu*

Comida callejera

Antica Trattoria Sà Pesta €

31 C5

Trattoria emblemática que sirve la clásica *farinata* (pan plano de harina de garbanzo) genovesa cocinada en fogueadas sartenes en el horno de leña de la entrada. *12.00-14.00 lu-mi, 12.00-14.00 y 19.00-20.45 ju-sa*

Focaccia e Dintorni €

32 C5

Probablemente la *focacceria* más popular de Génova, como demuestran las largas colas del exterior. El pan italiano fresco se hornea todo el día. *7.00-20.00*

La Focacceria di Teobaldo €

33 B1

Gran variedad de porciones de *focaccia* a poca distancia de Stazione Principe. Ideal para tomar un tentempié mientras se espera el tren. *8.00-19.00 lu-sa*

Mercato Orientale Genova €

34 H6

Zona de restauración de comida italiana *gourmet* en el centro del principal mercado de alimentos frescos, con unas doce opciones distintas e impecables mesas comunitarias. Hay de todo, desde japonés a peruano. *10.00-23.00 lu-sa*

Rooster €

35 E5

Adorable local junto a la catedral que ofrece una nueva versión del tradicional asador de pollo y sirve de todo, desde *poke bowls* a sándwiches y ensaladas. *10.30-22.00*

Friggitoria San Giorgio €

36 C4

En Génova, el *fish and chips* consiste en un cucurucho de papel lleno de calamares fritos, adornado con patatas fritas rebozadas con harina de garbanzo. Un clásico del puerto. *11.00-21.00*

Helados

Gelateria Profumo €

37 E4

Maravillosa heladería clásica escondida entre los *caruggi* con aromáticos conos de sabores inusuales como limón de Sorrento y naranja amarga. *12.00-19.00 ma-sa*

La Cremeria delle Erbe €

38 D6

En la decadente Piazza delle Erbe, esta célebre heladería atrae a comensales tardíos y bebedores con sus generosos conos, algunos de sabores asombrosos. *11.00-1.00*

Vegetariano

Soul Kitchen €€

39 C3

Una excepción en una ciudad amante del pescado, este local vegetariano emana un ambiente psicodélico mientras elabora clásicos como pesto, *pansotti* con salsa de nueces, *spaghetti Nerano* (calabacín) y *arancini*. *12.30-15.00 y 19.30-23.00 mi-do*

Marisco

Trattoria Osvaldo €€

40 G6

Parada obligatoria para comer marisco junto al mar en el antiguo pueblo pesquero Boccadasse, ahora un barrio genovés. Pulpo, pescado salado y gambas a la parrilla con *fettucine* son lo más destacado. *12.30-14.00 y 19.30-22.30 ju-do*

Il Marin €€€

41 C5

Restaurante de alta cocina en la tercera planta de la tienda de comida italiana Eataly que exhala un glamur cómodo y relajado, con recetas a base de insólitos productos de origen mediterráneo que brillan en el plato. Tiene estrella Michelin, hay que reservar. *19.30-22.00 mi-vi y lu, 12.30-14.00 y 19.30-22.00 sa y do*

Soho €€€

42 C3

Restaurante y pescadería, es ideal para producto crudo. Muy recomendable es el "maxi" plato *crudite di mare*, un festín con pescado y marisco crudo. *12.00-23.00*

Comidas ligeras

Mentelocale €€

43 B1

Hay varios de estos eficientes cafés en los palacios Rolli, pero esta sucursal del Palazzo Reale es quizá el mejor lugar para interrumpir la visita al museo con café, tarta y sándwiches en un entorno exquisito. *7.30-19.30*

Beber

Guaridas bohemias

Les Rouges

44 D4

En la claustrofóbica Piazza Campetto, es un destartalado *palazzo* con frescos reconvertido en una evocadora coctelería que sirve bebidas fuertes con ingredientes herbales y florales. *18.00-23.45 do-ju, hasta 0.45 vi y sa*

La Nouvelle Vague

45 D5

Local alternativo de moda con bebidas, libros, gente guay, comida decente y música en vivo cerca de la catedral. *18.00-1.00*

Malkovich

46 D3

Oculto bajo la moderna hamburguesería Groove, sirve los mejores cócteles de Génova. Solo se entra con contraseña. *21.00-1.00*

Scurreria Beer & Bagel

véase 27 D5

Cervecería en un *caruggi* con una docena de cervezas de barril y una buena barra de *bagels* rellenos. *18.00-1.00 lu-vi, desde 12.00 sa y do*

Cafés para pasar el rato

Caffè degli Specchi

47 D5

Joya *art déco* con espejos en el casco antiguo para tomar un café exprés y/o *aperitivi*. En esta esquina desde 1908. *8.00-21.30*

Marescotti di Cavo

48 C3

La reina madre de los cafés en los *caruggi* sirve café y pastas en pequeñas mesitas redondas en la calle o en la barra de mármol. *7.30-19.30*

Cafhein

49 A1

Moderno café cerca de la estación Piazza Principe que sirve sándwiches, tartas y café de filtro. Tiene wifi gratis y espacio interior para sentarse con el portátil. *7.30-19.00*

Cairoli Cafe

50 D2

Popular para un café o un tentempié a mediodía en la Strada Nuova, en pleno centro del barrio de museos. *7.00-19.30*

Eataly

véase 41 C5

En la planta baja del famoso emporio gastronómico de Italia en Porto Antico, este café superpopular sirve un sólido surtido de cafés de calidad, pastas y sándwiches. *10.00-22.00*

Cervezas y aperitivos

Bar Berto

51 E6

El centro neurálgico de la animada vida nocturna de los *caruggi* es Piazza delle Erbe –más un rectángulo deforme que una plaza–, donde las mesas exteriores del sencillo Bar Berto se entremezclan con las de otros. *10.00-1.00*

Ostaia du Richetto

52 H3

En el magnífico Parco delle Mura rural, este pequeño bar con tentempiés construido en los muros de los antiguos fuertes es un buen lugar para relajarse tras una excursión con un café o una cerveza. *9.00-22.00 vi-mi*

Comprar

Moda y muebles

Via Garibaldi 12

53 E3

Vale la pena dedicar tiempo a subir las escaleras del Palazzo Baldassarre Lomellini en Via Garibaldi y curiosear entre la oferta artística de la tienda de muebles más sofisticada y cara de la ciudad. *10.00-14.00 y 15.30-19.00 ma-sa*

Temide

54 E4

Esta pequeña *boutique* en los *caruggi* vende obras de artistas y artesanos locales, como delicada cerámica, ornadas joyas y bufandas de seda pintadas a mano. *10.30-14.00 y 15.30-19.30 ma-sa, 15.30-19.30 lu*

Paccottiglia

55 D5

Enigmática tienda conceptual con una cuidada selección de ropa y accesorios, como camisas de algodón suave, alpargatas, productos de baño, bolsas de lona, cuadernos en blanco y curioso arte mural. *10.30-13.30 y 15.30-19.30 ma-sa*

Libros y chocolate

Feltrinelli Librerie

56 F6

La sucursal genovesa de esta fabulosa cadena de librerías es un lugar de ensueño. Distribuido en varias plantas, reúne literatura multilingüe, guías de viaje, papelería, música y juguetes. Un paraíso para los bibliófilos. *9.00-20.00 lu-sa, hasta 20.00 do*

Pietro Romanengo fu Stefano

57 D4

Histórica chocolatería (fundada en 1780) especializada en flores confitadas y aguas florales. Los muebles, incluido el suelo de mármol, el techo con frescos y los mostradores de palisandro, son tan coloridos como los propios chocolates. *9.00-13.00 y 15.15-19.30 ma-sa, 15.30-19.30 lu*

Sugerencias de lugares para comer, beber y comprar en **p. 67**

Explora
De Portofino a Levanto

El tramo de la Riviera Levante desde Portofino al este a Levanto es conocido como el golfo de Tigullio, por una antigua tribu ligur de este nombre. Es la Riviera más refinada y sofisticada, encabezada por el lujoso centro vacacional de Portofino, un destino tan popular que, en 2023, introdujo "zonas rojas" donde no se puede parar, diseñadas para disuadir a los turistas de hacerse selfis. Más tranquilidad ofrecen los senderos costeros sobre Portofino, protegidos en un parque regional. Hacia el este por la costa, el lujo se extiende a Santa Margherita Ligure y Rapallo, donde los grandes hoteles parecen opulentos palacios. Camogli y Levanto, en ambos extremos del golfo, son más discretos. El primero es una comunidad pesquera todavía activa y el segundo un pequeño pueblo costero ideal para surfear.

Cómo desplazarse

Tren
Camogli, Santa Margherita Ligure, Rapallo Sestri Levante y Levanto están en la línea ferroviaria principal este-oeste con trenes frecuentes a Génova, La Spezia y otros pueblos intermedios.

Autobús
El 792 conecta la estación de Santa Margherita con Portofino. Cuesta 5 €.

Barco
Hay servicios frecuentes entre Rapallo, Santa Margherita Ligure, Portofino y San Fruttuoso.

A pie
Varias veredas conectan Santa Margherita Ligure con Portofino y Rapallo.

Portofino.
OLENA ZNAK/SHUTTERSTOCK ©

LO MEJOR

PLAYA
San Fruttuoso (p. 56)

EVITAR AGLOMERACIONES
Parco Naturale Regionale di Portofino (p. 58)

SENDA COSTERA
De San Fruttuoso a Portofino (p. 58)

COPA DE VINO
Winterose (p. 69)

'FOCACCIA'
Revello (p. 68)

DE PORTOFINO A CAVI
Más información
Imprescindible p. 55
Experiencias p. 60
Comer p. 67
Beber p. 69
Comprar p. 69
A
B
C
D
E
F
1
2
3
4
Recco
Camogli
9
Sagra del Pesce
25
A12
Teleférico de Rapallo
Rapallo
23
16
8
Lungomare Vittorio Veneto
Montallegro
Santuario Basilica di Montallegro
Santa Margherita Ligure
18
7
6
Villa Durazzo
20
Parco Naturale Regionale di Portofino
SP227
Abbazia di San Fruttuoso
San Fruttuoso
21
4
La Portofinese
Paraggi
3
Spiaggia di Paraggi
Véase 'Portofino'
31
0
5 km
Zoagli
Chiavari
Lavagna
A12
Cavi
Portofino
Parco Naturale Regionale di Portofino
Vico Dritto
Via Roma
Via Duca degli Abruzzi
Calata Marconi
26
34
29
Piazzetta
1
5
Caffè Excelsior
30
32
Mar de Liguria
Molo Umberto I
Salita San Giorgio
Castello Brown
2

★ IMPRESCINDIBLE

Teleférico de Rapallo

Génova utiliza ascensores y funiculares para sortear su accidentado terreno. En Rapallo está el Funivia Rapallo-Montallegro, un teleférico que data de 1934 y asciende 612 m desde el centro hasta el venerado Santuario Basilica di Montallegro, lugar de peregrinaje rodeado de bosques caducifolios.

PLANO: P. 54 **C2**

La basílica

Se asienta en una ladera donde aparentemente en 1557 se apareció la Virgen María a un granjero local que dormitaba. Mucho mayor que la mayoría de los santuarios italianos, la estructura actual es un imponente edificio gótico con una fachada de mármol claramente simétrica de 1896. Está en lo alto de una gran escalinata desde la estación de teleférico.

Exvotos e iconos

El ornado interior contiene numerosos exvotos (ofrendas por bendiciones recibidas), el más antiguo de 1574, y el objeto más preciado de la iglesia, una tableta que representa a la Virgen, supuestamente de origen bizantino. A la adorada Nuestra Señora de Montallegro se le atribuyen muchos milagros, desde repeler plagas medievales hasta lograr que los bombardeos aliados no acertaran sus objetivos en la II Guerra Mundial.

Ascensión del peregrino

Se puede subir a pie por la llamada "Ascensión del peregrino", un ancho sendero empedrado de 3 km que sale de Rapallo, en Via Don Giovanni Minzoni, cerca del paseo marítimo, y atraviesa el bosque hasta la cima.

CONSEJO

En la estación superior del teleférico hay un pequeño café, pero se come mejor, con mejores vistas, en el restaurante del hotel más arriba, frente a la iglesia.

Escanea este código QR para más información sobre billetes del teleférico.

★ IMPRESCINDIBLE

Abbazia di San Fruttuoso

Esta diminuta playa solo accesible en barco, con una maciza abadía del s. x al fondo y aislada de la red de carreteras por los abruptos acantilados del promontorio de Portofino, es un secreto a voces entre turistas con un poco de información privilegiada, por lo que recibe su cuota de excursionistas veraniegos.

PLANO: P. 54 **B3**

CONSEJO
Los centros de información de Santa Margherita y Camogli (ambos en la línea ferroviaria) ofrecen mapas de senderismo gratuitos del parque "natural" regional de Portofino. Todos los senderos están señalizados.

Escanea este código QR para más información sobre los barcos a San Fruttuoso.

La abadía

De estilo románico, data del s. x y conserva las reliquias de san Fructuoso, un obispo catalán martirizado trasladado aquí en el s. VIII por monjes griegos. El claustro de dos niveles y el campanario octogonal bien merecen la entrada de 9 €. Está vigilada por una atalaya defensiva construida por la eminente familia genovesa Doria en el s. XVI, cuyos miembros están enterrados en la cripta de la iglesia.

Estatua bajo el mar

El fondo marino frente a San Fruttuoso esconde el **Cristo degli Abissi,** una estatua de bronce de Jesucristo con los brazos abiertos a 17 m bajo la superficie. Se instaló allí en 1954 por la marina italiana en homenaje a los buceadores fallecidos en el mar. Desde entonces, este Cristo de 2,5 m se ha convertido en un preciado atractivo submarino para submarinistas y buceadores que recorren en kayak o *paddle surf* los 300 m que lo separan de la playa. Es una inmersión relativamente sencilla, pero es mejor organizarla bajo la supervisión de un guía autorizado de Regione Liguria. También hay una réplica en la abadía.

GUIDO NICORA/SHUTTERSTOCK ©

La playa

Es casi toda de acceso gratuito y el agua es cristalina. Hay un club de playa privado si se prefiere alquilar una tumbona y sombrilla (foto).

¿En barco o a pie?

En general, los visitantes acceden en barco de pasajeros desde los pueblos cercanos de Camogli o Santa Margherita, pero los más intrépidos (y dispuestos a asumir un cierto riesgo) pueden optar por ir a pie por el sendero costero desde Camogli, pasando por La Batterie, un emplazamiento de tiro de la II Guerra Mundial que incluye la infame travesía Paso de Baccio (catalogada "solo expertos") por los acantilados. Para una experiencia menos vertiginosa, hay una ruta alternativa desde Camogli vía Toca y Pietre Strette (7 km) o desde Portofino por el sendero Base "O" (unos 4 km).

UNA PAUSA

Ocultos detrás de la playa, hay un sencillo café y un par de restaurantes semiexteriores. **La Cantina** (p. 67), en una caleta recóndita al este de la bahía principal, ofrece excelente marisco.

★ IMPRESCINDIBLE

Parco Naturale Regionale di Portofino

Los 60 km de sendas de la península de Portofino nada tienen que ver con la sinuosa carretera plagada de deportivos que sale de Santa Margherita Ligure. Afortunadamente, muchas están apartadas y son gratuitas.

PLANO: P. 54 **B3**

CONSEJO
La red de senderos está perfectamente señalizada, pero las oficinas de turismo de Camogli, Portofino y Santa Margherita ofrecen excelentes mapas gratis.

Escanea este código QR para más información sobre el parque regional.

San Rocco y Punta Chiappa

Camogli es una puerta de entrada al parque. Un sendero asfaltado señalizado con dos puntos rojos hacia el sur sube 800 escalones hasta el pueblecito de San Rocco (foto). Aquí se multiplican las opciones: se puede ir hacia el interior a Monte di Portofino, descender a la costa en Punta Chiappa o abordar la desafiante travesía Passo di Baccio por los acantilados. Punta Chiappa es un saliente rocoso en la punta suroriental del promontorio de Portofino ideal para darse un baño o tomar el sol a la italiana. Por mar, son 5 min desde Camogli, por tierra son 3 km a pie por San Rocco.

Monte di Portofino

Es el punto más elevado del parque (610 m) cuyo pico se llama Semaforo Vecchio. Es una gran pradera rodeada de árboles acechada por un refugio construido como estación de semáforo por las tropas napoleónicas en 1807. Convertida más tarde en estación telegráfica, en 1880 se construyó una nueva instalación, Semaforo Nuovo, en un mejor puesto de observación más abajo. Hay que seguir las señales vía Toca.

Sendero costero a Portofino

El sendero Camogli-Portofino (dos puntos rojos) continúa más allá de San Rocco, pasando por La

IMAGESEF/SHUTTERSTOCK ©

Batterie, un grupo de emplazamientos construidos por el ejército italiano en 1941 y tomados por los alemanes en 1943. Más adelante, el sendero serpentea vertiginoso por el Passo di Baccio, una corta travesía expuesta por la pared del acantilado con solo una cadena metálica para sujetarse. Al estilo de una *via ferrata* (ruta con cables y escaleras permanentes), solo está recomendada para excursionistas experimentados (hay una ruta alternativa por Toca). La ruta desciende a la abadía de San Fruttuoso antes de subir de nuevo por abruptas escarpaduras costeras hasta las aldeas de Prato y Olmi. El descenso final a Portofino es uno de los más celestiales de Italia (¡ojo con los escalones!).

Desde Portofino se puede seguir por la costa hasta Santa Margherita Ligure (donde hay trenes a Génova, Camogli y Cinque Terre) o tomar una ruta más accidentada pasando por la aldea de Nozarego.

UNA PAUSA
Ü Caban (p. 69), un bar de vinos con un estrecho interior decorado como un yate y vistas a la Piazzetta de Portofino, ofrece tablas de embutidos acompañadas de vino elaborado en una granja ecológica local.

EXPERIENCIAS

Postureo en la Piazzetta de Portofino PLAZA

PLANO: 1 P. 54 D2

Incluso los árboles son hermosos en este diminuto pueblo pesquero convertido en destino de celebridades, enclavado entre escarpadas colinas costeras en un atractivo parque natural. Indiscutiblemente caro y sofisticado, y más bien pretencioso, quien no quede impresionado por el lujoso encanto de Portofino y su elegante aspecto, quizá deba restregarse bien los ojos.

El postureo se congrega en la **Piazzetta,** una plaza junto al puerto bordeada de algunos de los bares y restaurantes más caros del país (¿un capuchino por 8 €?), donde es típico tomarse un Aperol *spritz* en las mesas donde Humphrey Bogart y Marcello Mastroianni solían ser el centro de atención. Para evitar las masas, mejor llegar antes de las 9.00 para un *caffè* o después de las 17.00.

Espléndidas vistas desde Castello Brown CASTILLO

PLANO: 2 P. 54 F2

Tras maravillarse ante los superyates y tiendas de diseño de Portofino, se puede subir el empinado sendero a **Castello Brown** *(castellobrown.com; entrada 12 €)*, cuarta encarnación de un castillo medieval transformado por el diplomático británico Montague Yeats Brown en una mansión privada en 1867. El recinto es exquisito, y las salas neogóticas están llenas de fotos en blanco y negro de antiguas celebridades de Portofino. Hay un café a un precio razonable (para ser Portofino) en la terraza.

Pagar por la playa más pija de Italia PLAYA

PLANO: 3 P. 54 C4

Spiaggia di Paraggi, 1 km al norte del puerto de Portofino, es una exclusiva playa espléndida donde alquilar una tumbona con sombrilla cuesta nada menos que 200 € en un club de playa privado. Hay un minúsculo tramo de playa pública y una estrecha sección de rocas accesible por una escalera, desde las que se puede saltar a las aguas turquesa y observar peces y bañistas vestidos de Dior. Desde aquí, un encantador sendero junto al mar enfila al norte 3 km hasta el regio resort de Santa Margherita Ligure.

Paraíso ecológico CIRCUITOS POR GRANJAS

PLANO: 4 P. 54 B4

Recientes indicios sugieren que Portofino podría dejar atrás Gucci y Louis Vuitton para abrazar actividades más mundanas. **La Portofinese** *(laportofinese.it)* es un proyecto agrícola que ha adoptado la autosostenibilidad e inmemoriales tradiciones culturales y ofrece experiencias en distintos lugares del pueblo, como una granja ecológica (que produce miel, aceitunas, verduras y uva), una *osteria,* un molino-museo restaurado, un bar con terraza junto al faro de Portofino y un bar de vinos cerca de la Piazzetta llamado Ü Caban (p. 69). Las clases de cocina y las visitas a granjas ecológicas son las más demandadas. Reservas en línea.

Fundada a mediados de la década de 2010 por el portofinés Mino Viacava, es una empresa familiar muy implicada en el cultivo ecológico, la comida de kilómetro cero y las energías renovables (utilizan paneles solares, turbinas eólicas y microturbinas hidráulicas).

Admirar Villa Durazzo MANSIÓN

PLANO: 6 P. 54 **B3**

Santa Margherita Ligure es suntuosa, como demuestra la exquisitamente renovada **Villa Durazzo** *(villadurazzo.it; adultos/niños 5,50/3 €),* en una colina detrás del puerto.

Construida en la década de 1670 por la familia noble Durazzo en un antiguo complejo de castillos emplazado sobre unas ruinas romanas, la mansión de cinco plantas fue reformada en 1820, cuando se añadieron muchos de sus actuales elementos neoclásicos. Los lujosos jardines italianos con vistas a la playa y el puerto de Santa Margherita rebosan de limoneros y hortensias y hay una larga balaustrada frente al mar con estatuas clásicas de tamaño natural. Se puede visitar por un módico precio, para ver pianos de cola, macizos candelabros y un sutil fresco de techo de la Virgen María con angelicales querubines. Es un lugar popular para celebrar bodas.

La adyacente **Chiesa di San Giacomo di Corte,** con su fachada barroca clásica color crema, luce un interior notablemente adornado, con columnas corintias y lujoso pan de oro.

Hay un café abierto todo el año con una encantadora terraza.

POR QUÉ ADORO PORTOFINO

Sí, es caro, y sí, suele estar masificado, pero a pesar de los capuchinos a 8 € y el desvergonzado postureo en la *piazza,* Portofino siempre me ha encantado. Suelo llegar por el escarpado sendero Passo di Baccio, una desafiante travesía por la pared del acantilado que requiere sujetarse fuerte y nervios de acero. Cuando bajo al pueblo desde este pequeño terreno salvaje, mi visión es totalmente distinta de la aglomeración de yates de lujo. Llego al bullicioso puerto, con la camiseta empapada de sudor y las uñas llenas de tierra, listo para una pasta recién hecha en **Caffè Excelsior** (PLANO: 5 P. 54 **D2**) y una copa de vino en **Winterose** (p. 69), por el precio que sea.

Ver el museo "disperso" de Santa Margherita PASEO

En vez del típico museo cívico en un espacio cerrado, Santa Margherita tiene un llamado **Museo Diffuso di Mare,** con una colección de puntos de interés repartidos por el pueblo que explican su duradera relación con el mar.

Para seguir el itinerario, se recoge el folleto en la **Oficina de información IAT** (PLANO: 7 P. 54 C3; *comune.santa-margherita-ligure.ge.it*) junto a la playa o se descarga la **Vesepia App.** Los puntos de interés junto al mar están al oeste del centro de información, como los jardines públicos, donde se erigen estatuas de Cristóbal Colón y de los patronos santa Margherita y el "Héroe de los dos mundos" Giuseppe Garibaldi, el general de Liguria que ayudó a unificar Italia en la década de 1860. Más adelante hay un pequeño castillo del s. XVI sobre el puerto, un mercado del pescado de estilo oriental renovado en 2014 y un cabestrante manual abandonado de los tiempos de los astilleros de Santa Margherita. Esta ruta puede incorporarse a un paseo vespertino o como parte de una excursión más larga a Portofino.

Lungomare Vittorio Veneto, Rapallo.

OPERACIÓN GINNY

En marzo de 1944, durante la II Guerra Mundial, 15 soldados americanos desembarcaron cerca de Framura en la Riviera Levante con la intención de hacer volar por los aires un túnel ferroviario costero y destruir una línea de comunicación clave en la Italia ocupada por los alemanes. Pero, desorientados tras su travesía desde Córcega, erraron el blanco y desembarcaron en el sitio equivocado. Sin saber qué hacer, terminaron buscando refugio en un granero cerca del pueblo cercano de Bonassola. Los soldados, la mayoría italoamericanos, pronto fueron detenidos y, a pesar de las garantías de la Convención de Génova, trasladados a Ameglia cerca de La Spezia y fusilados. El túnel ahora forma parte del sendero ciclista Levanto-Framura.

Dejarse ver por paseo marítimo de Rapallo — PASEO

PLANO: 8 P. 54 **C3**

Los escritores W. B. Yeats, Max Beerbohm y Ezra Pound encontraron inspiración en Rapallo, quizá mientras paseaban por el **Lungomare Vittorio Veneto,** el paseo marítimo del pueblo. Con sus casetas azul brillante, la playa bordeada de palmeras y un diminuto castillo del s. XVI que emerge directamente del mar, se respira un ambiente poético y nostálgico. Los jueves bulle de animación, cuando los puestos del **Mercato del Giovedì** (mercado del jueves) invade el paseo.

Festival del pescado de Camogli — GASTRONOMÍA

El hermoso pueblo de **Camogli,** 25 km al este de Génova, todavía es un centro pesquero activo (el nombre significa "casa de las esposas", recuerdo de la época en que las mujeres se encargaban de todo mientras los hombres salían al mar). El segundo fin de semana de mayo, el pueblo honra su patrimonio marítimo con la **Sagra del Pesce** (PLANO: 9 P. 54 **A2**), una enorme parrillada de pescado donde se asan cientos de capturas en sartenes de 3 m de ancho por todo el paseo marítimo (sobre todo atún y anchoa). La víspera, una efigie del santo patrón de los pescadores, san Fortunato, desfila por las calles y se encienden dos hogueras que compiten en tamaño y magnificencia.

Meditar en la bahía de Sestri Levante — BARRIO COSTERO

Una recomendable excursión de un día, el pueblo costero de Sestri Levante lleva incontables generaciones cautivando a sus visitantes, como el escritor danés Hans Christian Andersen (1805-1875) que se enamoró de su paisaje durante su estancia aquí en 1833. Más tarde, Baia delle Favole (bahía de las Fábulas) fue nombrada así en honor suyo. Está adosada a la más arqueada **Baia del Silenzio** (PLANO:

10 P. 65 A1; bahía del Silencio), una pequeña pero hermosa bahía oculta detrás del barrio histórico (Sestri suele denominarse el pueblo de “dos mares”). Conviene ir pronto o a última hora para disfrutar del paisaje marino en silencio. Tiene una diminuta playa de arena, una escultura de un pescador, barcazas en la orilla y magníficas villas de colores enmarcadas por las verdes laderas al fondo.

En una cuesta pronunciada detrás de la playa, la **Chiesa di Santa Maria Immacolata** (PLANO: 11 P. 65 A1) del s. XVII es famosa por su delicioso *presepe* (belén) acompañado de rayos y truenos, vacas rumiando, fuegos titilantes y docenas de aldeanos mecanizados.

Profundizar en el pasado de Liguria

MUSEO

PLANO: 12 P. 65 A1

Uno de los mejores museos de historia de la Riviera, el **Museo Archeologico e della Città** *(adultos/niños 5/3 €)* de Sestri Levanto, a menudo abreviado Musel, merece una hora de pacífica contemplación.

Ubicado en la tercera y cuarta planta del atractivo Palazzo Fascie (construido en 1904 pero estilísticamente más antiguo), ahonda en el pasado de la región con exposiciones interactivas y vestigios arqueológicos, algunos procedentes de yacimientos submarinos. Su alcance es bastante amplio, con obras del Paleolítico, la era romana y la Edad Media.

Destaca el Cippo del Monte Ramaceto, un curioso mojón romano de 2000 años de antigüedad hallado en una montaña cercana en 2015 que marcaba los límites de un estado imperial. En 2024 se encontró un segundo mojón.

Surfear en Levanto

SURF

PLANO: 13 P. 65 B3

No es Malibú, pero su magnífica playa es probablemente la mejor del país para surfear, aparte de Cerdeña. Se surfea todo el año, pero la mejor época es de noviembre a abril. Hay varias buenas zonas en la *spiaggia* (playa), como Casino, llamada así por estar situada frente al antiguo casino, un largo brazo que se forma en un banco de arena cambiante. **Brothers Surf House** *(brothersurf.com; p. 69)* alquila tablas y ofrece clases.

Un desvío por Via Guani de Levanto

CALLE

PLANO: 14 P. 65 B4

A unas manzanas del tumulto de la playa, **Via Guani** es una calle tranquila que se abre paso entre algunos de los edificios más antiguos de Levanto. Es un agradable paseo por antiguas residencias nobles como la del nº 37, llamada Palazzo delle Sirene, que data del s. XVI. La calle cruza la Piazza del Popolo, donde se halla la *loggia medievale* de 800 años, cuyas columnas ocultan un pequeño recinto con los restos de un fresco del s. XIII.

DE SESTRI LEVANTE A LEVANTO
Más información
Experiencias p. 60
Comer p. 67
Beber p. 69
Comprar p. 69
A
B
C
D
E
F
1
2
3
4
Sestri Levante
12
22
10
11
Museo Archeologico e della Città
Baia del Silenzio
Chiesa di Santa Maria Immacolata
Casarza Ligure
A12
Moneglia
Mar de Liguria
Deiva Marina
Framura
Bonassola
17
27
Véase 'Levanto'
0
5 km
Levanto
Via Emanuele Zoppi
Via Jacopo da Levanto
Via Giuseppe Garibaldi
24
Passeggiata a Mare
Corso Italia
19
33
Brothers Surf House
13
Via Dante Alighieri
28
Via Guani
Via M Vinzoni
Piazza Stagliene
Piazza Staglieno
14
Via Guani
15
Sensafreni Bike Shop
Via Cantarana
Via Prealba
Mar de Liguria
0
100 m

Sendero ciclista por túneles ferroviarios.
MARTI BUG CATCHER/SHUTTERSTOCK ©

Túnel por la costa CICLISMO

Cuesta desprenderse del animado ambiente italiano de Levanto, capital del surf de Liguria, pero –con una tarde libre y una bici alquilada– se puede pedalear por una ruta ciclista suave y plana que cruza antiguos túneles ferroviarios hasta Framura, 6 km al noroeste.

La primera parada es el pueblo de **Bonassola,** con calles llenas de flores y una playa de arena gris enmarcada por colinas boscosas y numerosos restaurantes de marisco.

Unos 3 km más lejos está **Framura,** un municipio de aldeas dispersas encaramado en una empinada ladera.

La ruta termina en la estación del ferrocarril (donde aparece la línea auténtica). Desde aquí, se puede caminar hasta un modesto puerto de mar. El tramo final del trayecto pasa por un túnel oscuro y húmedo que un grupo de soldados americanos intentaron destruir en vano durante la II Guerra Mundial (p. 63).

Varios operadores de Levanto alquilan bicicletas, como **Sensafreni Bike Shop** (PLANO: 15 P. 65 B4; *desde 10 €/día*) en Piazza del Popolo.

Lo mejor para...

Localizaciones en los planos de las **pp. 54 y 65**

€ Económico €€ Medio €€€ Alto

Comer

Marisco junto al mar

Hostaria Vecchia Rapallo €€

Plano: p. 54 16 C3

Aparte de platos de marisco, esta acogedora *hostaria* (restaurante tradicional) escondida detrás del Lungomare de Rapallo sirve menús genoveses (pesto), agrícolas (alcachofas), de comida callejera (cucuruchos de pescado frito) y a base de trufas. *12.30-14.30 y 18.00-23.00*

Osteria Antica Guetta €€

Plano: p. 65 17 E4

Con una bicicleta de alquiler, se puede ir a almorzar a la cercana Bonassola y degustar excelentes platos de marisco desde un lugar elevado sobre la playa. *12.00-15.00 y 19.00-22.00 ju-ma*

Da Paolo €€

Plano: p. 54 véase 9 A2

Subiendo por una calle desde el mar, este elegante local sirve el mejor pescado y marisco de Camogli, todo fresco y elaborado en distintos estilos locales con sencillez. *12.00-14.30 y 19.30-22.30 mi-sa, 19.30-22.50 do*

Ola Blu €€

Plano: p. 54 18 C3

En la playa de San Michele di Pagana en Rapallo, el "Ola Azul" ofrece marisco tradicional (pulpo, almejas, gambas) en un luminoso interior moderno con un ambiente elegante. *10.30-15.00 y 18.30-22.00*

Antica Trattoria Centro €€

Plano: p. 65 19 A3

Clásica *trattoria* de Levanto con las típicas sillas de madera y mimbre y una clientela mayormente italiana. Hace auténtica magia con el marisco, especialmente el *risotto*. *12.30-14.30 y 19.30-22.00 mi-lu*

L'Altro Eden €€€

Plano: p. 54 20 C3

El mejor establecimiento de marisco *gourmet* de Santa Margherita está en el puerto. El pescado se sirve a peso, pero es más famoso por el pescado crudo y el *risotto* con gambas frescas o tinta de calamar. *19.30-24.00 diario y 12.30-14.30 sa y do*

La Cantina €€€

Plano: p. 54 21 B4

Escondido en una caleta de San Fruttuoso, a la sombra de los árboles, es ideal para un tranquilo almuerzo a base de gambas, almejas y otros tesoros del mar. *12.30-18.00*

Comida de Liguria

Osteria Mattana €

Plano: p. 65 22 A1

Restaurante de dos salas tipo bodega en Sestri Levante con copiosos platos caseros, menú de pizarra, mesas compartidas y precios excelentes. Muy concurrido, agradable y un gozo para el paladar. *19.30-22.30*

Ö Bansin €€
Plano: p. 54 23 C2
Clásica *trattoria* en un callejón de Rapallo que sirve reconfortantes clásicos de Liguria desde 1907 con *molto amor* (mucho amor). Tiene un espacioso patio con jardín ideal en verano. *12.00-14.00 y 19.00-22.00 ma-do*

Wine Art €€
Plano: p. 54 véase 18 C3
Oculto tras la hermosa playa de San Michele di Pagana entre Santa Margherita y Rapallo, este restaurante-charcutería ofrece un soberbio *mandilli de sea* (pasta tipo lasaña) bañado en pesto. *7.00-24.00*

Ristorante Moresco €€
Plano: p. 65 24 B3
En Levanto, dirigido por un chef con un público fiel y local por su excelente marisco y platos de pasta a precios razonables. *19.00-21.45 ma-vi, 12.00-14.00 y 19.00-22.00 sa y do*

La Cucina di Nonna Nina €€
Plano: p. 54 25 A3
En las verdes alturas de San Rocco di Camogli se encuentra el único restaurante recomendado por Slow Food de la costa; lleva el nombre de la abuela Nina, cuyas recetas de tradición familiar se han transmitido con amor. *12.30-15.00 y 19.30-22.30 ju-ma*

Ristorante Puny €€€
Plano: p. 54 26 D1
A pesar de seguir el modelo estándar de Portofino (lleno y caro), es uno de los mejores de la Piazzetta para comer, fiel a las especialidades ligures. *12.30-14.30 y 19.30-22.30 vi-mi*

Cafés y tentempiés

Caffè delle Rose €
Plano: p. 65 27 E4
El mejor café de Bonassola para tomar algo tras pedalear, está a una manzana de la playa y ofrece anchoas y alcachofas bajo un emparrado. *7.00-23.00*

Revello €
Plano: p. 54 véase 9 A2
Vale la pena hacer cola en la *focacceria* predilecta de Camogli para probar una porción de su venerada *focaccia di Recco,* una variedad ligeramente hojaldrada con queso *stracchino.* No hay comedor, pero el puerto cercano es una agradable alternativa. *8.00-19.30*

Pasticceria Oneto €
Plano: p. 54 véase 7 C3
Concurrida pastelería y cafetería tradicional en Santa Margherita Ligure, frecuentada por residentes en busca de *panini, bruschette* y tartas de temporada, o un café exprés. *7.00-20.00*

Pasticceria Bianchi €
Plano: p. 65 28 C3
Elegante café histórico en Levanto ideal para disfrutar de un chocolate caliente con cruasán rodeado de madera, azulejos y vidrio pulido. *7.30-13.00 y 16.00-19.00 ma-do*

Cafe Pasticceria Canepa 1862 €
Plano: p. 54 véase 23 C2
Sirven *colazioni* (desayunos) dulces, como un capuchino con un *brioche* de pistacho recién hecho, desde tiempos de Garibaldi. *6.00-12.30 y 15.30-19.30 ma-do*

Casa delle Tortore €€
Plano: p. 54 véase 6 B3
Verdor, aromas, estatuas, vistas al mar y café: pocos lugares son tan románticos como los jardines de Villa Durazzo en Santa Margherita para ingerir buena cafeína. Solo en primavera y verano. *11.00-18.00 sa y do*

'Pizza' perfecta

Pizzeria La Cava al Mare €€

Plano: p. 54 véase 18 C3

Si alguien piensa que el golfo di Tigullio es demasiado lujoso para *pizzas*, este lugar sin lujos ni turistas de Rapallo las sirve con la costra inflada y tostada. *12.00-14.00 y 19.00-23.00 ma-do*

Pizzeria El Portico €€

Plano: p. 54 29 D2

A una manzana del excesivo puerto de Portofino, las *pizzas* pueden costar menos de 10 €. También tienen ensalada de pulpo, *vongole* (almejas) y clásicos genoveses servidos en modestos manteles de cuadros. *12.00-15.30 y 17.30-23.30 mi-lu*

Beber

Vino y cócteles

Ü Caban

Plano: p. 54 30 D2

Bar de vinos ingeniosamente diseñado en la Piazzetta de Portofino, con un interior decorado como un barco. "A bordo" se puede degustar vino y comida de la granja local del propietario. *12.00-23.00 mi-lu*

Al Faro di Portofino

Plano: p. 54 31 C4

Lounge bar claramente rústico para el nivel de Portofino con una pequeña terraza al pie del faro. Los cócteles son creativos. *10.30-22.00*

Sabot Italia

Plano: p. 54 véase 7 C3

Se recomienda hundirse en un sofá o sentarse en una mesa del lado del paseo marítimo de Santa Margherita para disfrutar de sus buenos cócteles y sus notas de *jazz*. *16.30-3.00*

Winterose

Plano: p. 54 32 E1

Muy apreciado por los patronos de los yates, es vinoteca y bar con buenas ofertas de tablas de embutidos y copas de vino. Ofrece sofisticación de Portofino sin pretensiones. *11.00-20.00 ju-ma*

Bares cerca de la playa

La Mancina

Plano: p. 54 véase 9 A2

Un par de taburetes en el exterior ofrecen vistas al mar, pero lo bueno de esta taberna de Camogli está dentro, con paredes forradas de libros desportillados y un propietario dispuesto a charlar con los clientes que degustan un *spritz* o una cerveza. *18.30-2.00*

Contro Vento

Plano: p. 65 33 A3

A una manzana de la playa de Levanto, los parroquianos sentados en las mesas al aire libre pueden picar algo o tomarse una Franziskaner o Leffe de barril, buenos vinos por copa o cócteles de primera. *11.00-2.00*

Comprar

Deporte

Brothers Surf House

Plano: p. 65 véase 15 B4

Además de tablas de alquiler y clases de surf, esta agradable tienda de Levanto vende una gran selección de equipos y ropa de marca, cómoda y moderna. También monopatines. *10.00-13.00 y 15.30-19.30*

Arte

Galleria d'Arte Portofino

Plano: p. 54 34 D2

Una de las mejores tiendas de Portofino de "se mira pero no se compra" (salvo los ricos), esta galería familiar en la Piazzetta exhibe una cambiante colección de obras contemporáneas, muchas sobre escenas locales. *10.00-20.00*

CIRCUITO A PIE

Ruta Alta Via delle Cinque Terre

El AV5T es un sendero de 35 km que transcurre entre cretas y acantilados de Porto Venere a Levanto, sin entrar en los pueblos de Cinque Terre. A diferencia del popularísimo Sentiero Verde-Azzurro (SVA), que apenas pierde de vista el mar, este está más apartado y es más boscoso, y notablemente más solitario.

INICIO	FINAL	DURACIÓN
Porto Venere	Levanto	35 km; 8-10 h

1 Inicio espectacular
El ascenso inicial desde **Porto Venere,** tras pasar el castillo Doria, es empinado e impresionante, al borde de vertiginosos acantilados venerados por los escaladores. Ofrece magníficas vistas a la Chiesa di San Pietro antes de adentrarse en los bosques detrás de Monte Muzzerone, un imponente acantilado coronado por un fuerte del s. XIX.

2 Al borde del precipicio
Tras un corto tramo por un camino rural, el AV5T vira de nuevo hacia la costa en Sella Derbi donde el estrecho sendero discurre vertiginoso cerca del borde del acantilado. Un mirador conocido como **Pitone** ofrece vistas panorámicas.

3 Parada en el pueblo
Las ruinas de un molino del s. XVII marcan la entrada al pueblo de **Campiglia.** Hay una iglesia y una tienda de comestibles por si ya aprieta el hambre.

4 Intersección a medio camino
Llamado así por los cables del telégrafo que había aquí, **Colle del Telegrafo** es una popular encrucijada de senderos, con el mejor restaurante de la ruta AV5T. Se pueden reponer fuerzas con bandejas de *bruschette* y bebidas frías en la terraza con vistas al mar.

5 Dentro del bosque
Aquí el AV5T entra en un largo trecho boscoso y el mar se convierte en un sutil destello azul entre el espeso follaje. Este tramo de 7 km a **Cigoletta** (altitud 611 m) es más popular entre ciclistas de montaña que entre senderistas.

6 Ascenso a la cima
Il Termine es un claro abierto a unos 7 km de Cigoletta. El tramo contiene algunas subidas leves por las laderas del monte Malpertuso, el punto más alto de Cinque Terre (815 m).

7 Pausa del peregrino
Después de Il Termine, la ruta cruza una carretera hacia el **Santuario Madonna di Soviore** de Monterosso (que bien merece una parada de descanso) y luego sigue el sendero 591 hasta un cruce en Colle di Gritta.

8 El impulso final
El sendero 591 discurre entre pinos dispersos, arbustos mediterráneos y encinares hasta la prominente península de **Punta Mesco,** desde donde hay espectaculares vistas de los cinco pueblos de Cinque Terre. Al final de un corto desvío del sendero principal se hallan las ruinas de una antigua ermita dedicada a san Antonio. Desde aquí, quedan 4 km por la costa hasta finalizar en Levanto.

Sugerencias de lugares para comer, beber y comprar en **p. 83**

Explora
Monterosso al Mare

El pueblo más accesible en coche y el único con un auténtico tramo de playa es el menos típico de los cinco. De hecho, en 1948 fue brevemente excluido del famoso quinteto. El primero por el oeste, es famoso por sus limoneros y sus anchoas, muy presentes en los platos de los restaurantes locales. También tiene una cultura vinícola subestimada y profusión de *enoteche* (vinotecas) bien surtidas para realizar catas. Está dividido en dos por el tempestuoso promontorio de San Cristoforo, la parte nueva y la vieja, conectadas por un túnel subterráneo. Fegina, al oeste, es una franja de playa similar al vecino Levanto. El laberíntico casco antiguo se asemeja en tamaño y ambiente a sus cuatro hermanos más al este.

Cómo desplazarse

A pie

A pesar de ser el más disperso de los pueblos de Cinque Terre, es fácil recorrerlo a pie. Un corto túnel excavado bajo el promontorio de San Cristoforo conecta la sección nueva con la vieja.

Autobús

Hay un autobús dos veces al día de Monterosso al Santuario della Madonna di Soviore.

Automóvil

Es el único pueblo con aparcamiento cerca del centro. Fegina Beach tiene un aparcamiento de 300 plazas a 5 min de la estación de trenes.

Monterosso al Mare.

LO MEJOR

'FOCACCIA'
Il Massimo della Focaccia (p. 83)

EXCURSIÓN CON VISTAS
Punta Mesco (p. 81)

COPA DE VINO
Enoteca Internazionale (p. 81)

COMIDA 'GOURMET'
Miky (p. 83)

PINTURA
Cristo en la cruz obra atribuida a Van Dyck (p. 77)

CIRCUITO A PIE

Pasear por Monterosso

Este tranquilo paseo incorpora las dos facetas de su idiosincrasia; empieza en la playa de clásico estilo Riviera y finaliza en las estrechas calles tortuosas del casco antiguo, tan típicas de Cinque Terre. Ofrece amplias vistas a la costa, dominadas por la boscosa cima de Punta Mesco. Se recomienda tomarse el tiempo de degustar un vino con anchoas al terminar.

INICIO	FINAL	DURACIÓN
Statua del Gigante	Via Roma	2,2 km; 2 h

1 Neptuno herido

El paseo empieza en el extremo oeste (más nuevo) de Monterosso. En un pequeño acantilado que bordea la playa se erigen los restos de un Neptuno gigante del s. XIV, la **Statua del Gigante,** esculpido en 1910 para contener el borde marítimo de Villa Palatine. El dios del mar sufrió importantes daños en los bombardeos de los aliados en la II Guerra Mundial.

2 Presumir en el paseo

Caminando hacia el este, pronto se llega al paseo sobre el mar. Desde aquí se puede ver la **Spiaggia di Fegina** de guijarros, que se llena de bañistas en verano. Los cafés con terraza son lugares estratégicos para impregnarse del paisaje.

3 Defensas de la II Guerra Mundial

En vez de pasar por el túnel que atraviesa el promontorio de San Cristoforo, se toma el camino que sube a la derecha. Enseguida se ven unas escaleras que bajan hasta un restaurante, y más allá, un antiguo **fortín** construido por los alemanes para repeler una invasión aliada durante la II Guerra Mundial. Un feo anacronismo de una era menos pacífica.

4 Una playa más tranquila

La más pequeña de las dos playas de Monterosso, **Spiaggia Tragagia,** se extiende al este del promontorio de San Cristoforo. Está enmarcada por una serie de arcos del ferrocarril que sirven de entrada al casco antiguo. La arena es gruesa y el mar pacífico, protegido por un rompeolas y el muro del puerto. Hay áreas públicas y varios clubes de playa privados.

5 Joyas del gótico

Al entrar en el pueblo se para ante el espléndido tesoro gótico del casco antiguo, la **Chiesa San Giovanni Battista** con su fachada de rayas. De comienzos del s. XIV, conserva algunas obras notables en su interior, como la *Madonna del Rosario,* atribuida a la escuela de Luca Cambiaso.

6 Calle comercial

La ruta termina en el corazón de Monterosso, en la animada **Via Roma,** llena de tiendas, restaurantes, panaderías y bares de vinos. Se recomienda tomar una copa de los excelentes vinos de Cinque Terre en la Enoteca Internazionale (p. 81). La terraza está bien situada para observar la vida del pueblo.

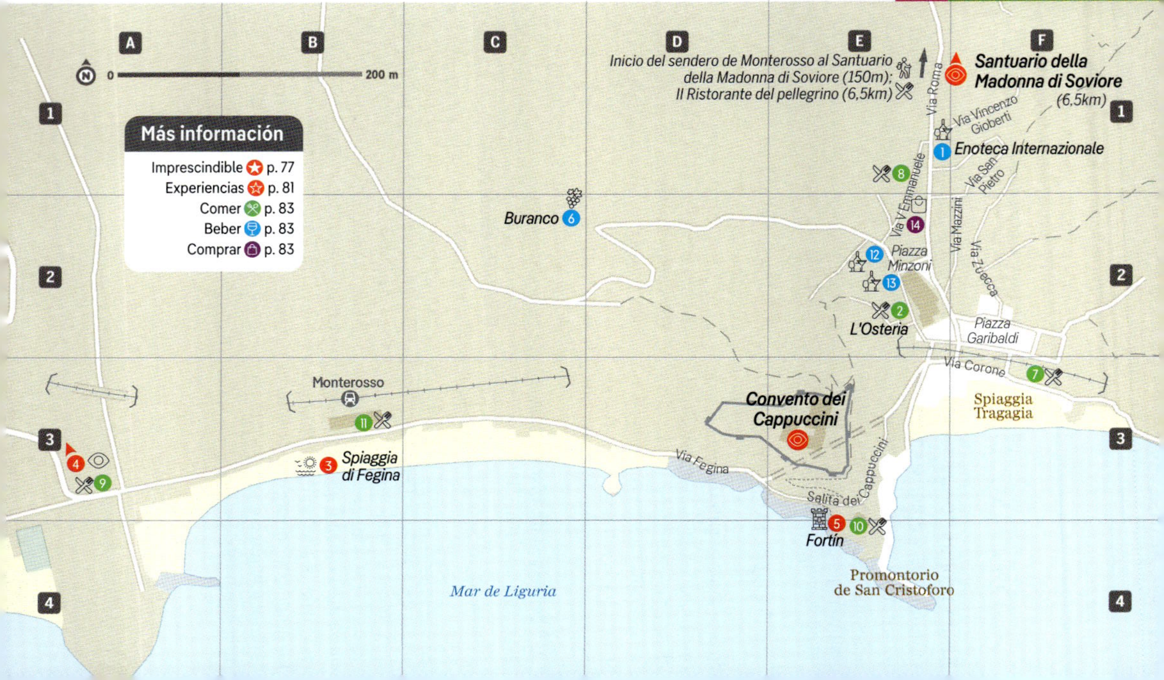
A
B
C
D
E
F
1
2
3
4
0
200 m
Más información
Imprescindible p. 77
Experiencias p. 81
Comer p. 83
Beber p. 83
Comprar p. 83
Inicio del sendero de Monterosso al Santuario della Madonna di Soviore (150m); Il Ristorante del pellegrino (6,5km)
Santuario della Madonna di Soviore (6,5km)
Via Roma
Via Vincenzo Gioberti
1 Enoteca Internazionale
8
Via San Pietro
Via V Emmanuele
14
Via Mazzini
Via Zuecca
6 Buranco
12
13
Piazza Minzoni
2 L'Osteria
Piazza Garibaldi
Via Corone
7
Spiaggia Tragagia
Monterosso
11
Convento dei Cappuccini
3 Spiaggia di Fegina
Via Fegina
Salita dei Cappuccini
5 Fortín
10
4
9
Mar de Liguria
Promontorio de San Cristoforo

★ IMPRESCINDIBLE

Convento dei Cappuccini

En un promontorio sobre Monterosso, el convento de los frailes capuchinos, en activo desde hace 400 años, sigue siendo una parte muy apreciada de la vida del pueblo. La subida al centro eclesiástico, corta pero escarpada, ofrece increíbles vistas de la costa y la oportunidad de conocer mejor la estricta orden franciscana.

PLANO: P. 76 **E3**

El convento y sus frailes

Se construyó entre 1618 y 1622 para los frailes capuchinos procedentes de una orden religiosa fundada en 1525. Pretendían volver a abrazar la estricta disciplina y el austero estilo de vida que defendió por vez primera san Francisco de Asís (1181-1226). Eran famosos por sus largos hábitos con capucha y su habilidad para cultivar hortalizas.

Un cambio en las leyes dio lugar al cierre del convento dos veces durante el s. XIX. Tras su reapertura en 1895, no ha dejado de funcionar.

Chiesa di San Francesco

De lejos, la fachada de la iglesia parece de mármol, pero en realidad, es un excelente trampantojo (estuco pintado con líneas en blanco y negro). Dentro, en el lado izquierdo de la iglesia, cuelga uno de los grandes tesoros del monasterio, *Cristo en la cruz*, flanqueado por dos figuras exquisitamente ejecutadas, una obra maestra atribuida durante mucho tiempo al pintor flamenco Van Dyck, pero los expertos modernos son más escépticos. A pesar de ello, es una obra hermosa. Debajo, un panel electrónico explica las complejidades de la pintura y la arquitectura única de la iglesia.

CONSEJO

Se puede subir al convento desde el centro del casco antiguo o directamente desde la estación de trenes; hay que tomar el sendero costero, en vez de entrar en el túnel.

Escanea este código QR para reservas de circuitos guiados del convento.

TRABANTOS/SHUTTERSTOCK ©

UNA PAUSA
Si se viene desde la nueva parte de la ciudad, se puede parar primero en el informal **Massimo della Focaccia,** que sirve porciones de *focaccia* para llevar y otros tentempiés.

Cementerio

Si se sigue subiendo desde la iglesia, se llega al cementerio del pueblo. En su día, había un castillo del s. XI, rodeado de robustos muros para protegerlo de los ataques piratas. Hoy, el terreno entre sus muros en ruinas sirve de última morada para lugareños y párrocos, junto a bonitos monumentos que se abren paso hacia el horizonte. Si se recorre todo el cementerio, se llega a un mirador panorámico.

San Francisco y el lobo

En el camino hacia el convento, hay una escultura de bronce de san Francisco y su amigo lobo en un fantástico mirador con vistas a la costa. Con el brazo y la pata extendidos, señalan un tramo de costa con montañas al fondo donde se puede ver cada uno de los diminutos pueblos de Cinque Terre.

★ IMPRESCINDIBLE

Santuario della Madonna di Soviore

El santuario medieval más grande y antiguo de Cinque Terre es un tranquilo complejo religioso encaramado 470 m por encima de Monterosso entre robledos y cipreses. Situado en un importante cruce de caminos, ofrece comida y habitaciones monásticas en una sencilla pensión.

PLANO: P. 76 **F1**

El mito de la 'Pietà'

Algunas partes de la estructura actual datan del s. XI, y es un lugar de peregrinaje al menos desde el s. VIII. Impregnada de mito medieval, la venerada estatua de madera de la *Pietà* (María sosteniendo el cadáver de Jesucristo descendido de la cruz) expuesta en la iglesia es del s. XV. La escultura original fue supuestamente desenterrada por un sacerdote en el año 740, conducido hasta allí por una paloma blanca. El lugar exacto está marcado por una pequeña capilla hexagonal debajo del santuario llamada la Cappella del Ritrovamento.

La iglesia y su desarrollo

El santuario se asienta en una impresionante terraza bordeada de majestuosos robles centenarios. Los árboles no bloquean la vista, que se extiende hasta Córcega en un día despejado.

Tras varias incorporaciones a lo largo de los años, la renovación más reciente data de 2000. La iglesia de nave única luce un techo con profusión de frescos, ornados candelabros y suelo de damero. El impresionante órgano Agati de la Toscana data de 1822 y todavía se toca en conciertos. En el exterior, la fachada exhibe un rosetón gótico y un campanario románico. El gran edificio porticado

CONSEJO

El santuario es el final occidental de la Strada dei Santuari, una senda de 22 km que conecta los santuarios de los cinco pueblos en un recorrido de 7 h.

Escanea este código QR para más información sobre el restaurante, la pensión y actividades de los alrededores.

SASHA64F/SHUTTERSTOCK ©

UNA PAUSA
El santuario tiene su propio restaurante, **Il Ristorante del pellegrino,** que vende tentempiés y bebidas y sirve un menú de cena por 20 €.

contiguo es una pensión añadida hacia 1700. Todavía en uso hoy, es especialmente popular entre grupos de escultismo.

Senda del peregrino

Para subir a pie, hay que seguir la senda 509 –la ruta original de los peregrinos– desde Via Roma en Monterosso. Este viejo camino de herradura discurre entre olivares, limoneros y bosques mixtos, y cruza un par de carreteras. Una cruz de hierro y la mohosa Cappella del Ritrovamento le dan un cariz claramente religioso. Desde Monterosso son 2,5 km y se tarda unas 1¾ h.

El santuario también es una importante estación de paso de la ruta Portovenere-Levanto de 35 km, que se cruza con el sendero 591 que conecta Il Termine en la AV5T con Punta Mesco (foto). Si no se quiere ir a pie, un par de autobuses diarios suben a la iglesia desde Monterosso.

EXPERIENCIAS

Seguir la ruta del vino y las anchoas

COMIDA Y VINO

Para tener una visión completa de Monterosso, vale la pena dedicar un tiempo a probar dos de sus preciadas delicias autóctonas: el vino y las anchoas. La temporada máxima de la anchoa es en junio y julio, que luego se preserva en barriles de sal para su consumo durante el año.

El pescado marida bien con el vino blanco seco de la DOC Cinque Terre. Monterosso tiene varias *enoteche* estilo bodega donde saborear este dúo, en particular la **Enoteca Internazionale** (PLANO: 1 P. 76 **E1**), donde sirven fuentes de anchoas aliñadas con un chorrito de aceite de oliva y ajo.

Varios restaurantes del pueblo sirven versiones de esta combinación de vino y anchoas, como **L'Osteria** (PLANO: 2 P. 76 **E2**), Miky (p. 83) y Trattoria da Oscar (p. 83).

Tiempo de playa en Spiaggia di Fegina

PLAYA

PLANO: 3 P. 76 **B3**

En un día ocioso, lo mejor es dirigirse a las extensiones de arena gruesa de **Spiaggia di Fegina** al oeste del promontorio de San Cristoforo, la única playa genuina de Cinque Terre, enmarcada por un agradable paseo y bordeada por los típicos *stabilimenti balneari* (clubes de playa privados) italianos. Alquilar una tumbona y una sombrilla cuesta unos 20 €/día.

Otra opción es tender la toalla en un tramo más solicitado de *spiaggia libero* (playa gratis) en distintos puntos de la costa. El agua es transparente y relativamente cálida en julio, y suele estar llena de bañistas.

Emprender el sendero a Punta Mesco

EXCURSIÓN

PLANO: 4 P. 76 **A3**

Aunque la mayoría de los senderistas se dirigen al este de Monterosso por el famoso Sentiero Verde-Azzurro (SVA), vale la pena ir al oeste por la ruta 590 (técnicamente una extensión del SVA) hasta el elevado promontorio cubierto de pinares llamado **Punta Mesco.**

El sendero de 2 km comienza cerca de la Statua del Gigante y asciende por escaleras y abruptos senderos a través de pinos, robles y matorrales mediterráneos, con vistas cada vez más fabulosas en cada curva. En la panorámica Punta Mesco, un corto desvío lleva a las ruinas de una pequeña ermita dedicada a san Antonio. El yacimiento data de 1300 y fue gradualmente abandonado con los siglos. Los hermanos vigilaban desde aquí a los barcos piratas en el horizonte y encendían hogueras para avisar de la llegada de los corsarios a los pueblos cercanos. Cerca hay un *semaforo* (estación semáforo) más nuevo, también abandonado.

Desde la ermita, se puede seguir por la ruta 591 a Levanto o recorrer

FESTIVALES GASTRONÓMICOS DE MONTEROSSO

La Sagra del Limone A finales de mayo, todo Monterosso festeja sus limones, incorporados en tartas, zumos y mermeladas que se pueden probar en puestos callejeros por todo el pueblo.

La Sagra dell'Acciuga Fritta y la Sagra dell'Acciuga Salata Monterosso organiza dos eventos dedicados a la anchoa. La Sagra dell'Acciuga Fritta en junio, que celebra la anchoa recién pescada y frita, y la Sagra dell'Acciuga Salata en septiembre, dedicada a la anchoa salada lista para almacenar durante los meses fríos.

la cresta del promontorio hasta Il Termine y el Santuario della Madonna di Soviore (p. 79).

Explorar el promontorio de San Cristoforo VISTAS

El prominente cabo que delimita el pueblo viejo y el nuevo de Monterosso ejerció durante mucho tiempo de importante bastión defensivo. En vez de apresurarse por el túnel que une las playas, merece la pena explorar los senderos asfaltados del promontorio en busca de vestigios de fortificaciones antiguas construidas entre los ss. XI y XX.

El castillo más antiguo que queda en pie se halla en el cementerio de la ciudad, cercado por los límites del convento capuchino en el punto más elevado del promontorio. Más abajo, una torre rectangular del s. XVI es ahora un restaurante de marisco llamado **Torre Aurora** *(p. 83; torreaurora cinqueterre.com)*. Visible más abajo y accesible por unas escaleras, hay un **fortín** (PLANO: 5 P76 **E3**; *p. 75*) de la II Guerra Mundial.

La experiencia del agroturismo GRANJA Y CATA DE VINOS

PLANO: 6 P. 76 **C2**

Un breve paseo de 300 m desde Via Roma en Monterosso pero en plena campiña lleva a **Buranco** *(burancocinqueterre.it),* un *agriturismo* (agroturismo), restaurante y cata de vinos. Un frondoso oasis de viñedos aterrazados, limoneros y ondulantes praderas produce los clásicos vinos blancos de la DOC y Cinque Terre, además de grapa, *limoncino* (la réplica de la Riviera italiana al *limoncello* de la Costa Amalfitana) y el vino de postre local aún más difícil de pronunciar: Sciacchetrà *(scha-ke-tra).*

Antes o después de una cata en el porche, se puede pasear por los viñedos para apreciar la dificultad de trabajar en estos agrestes bancales. Buranco también alquila apartamentos sencillos en la misma finca, algunos con terraza con vistas a los viñedos.

Localizaciones en el plano de la **p. 76**

Lo mejor para...

€ Económico €€ Medio €€€ Alto

Comer

Sabores del mar

Ristorante Belvedere €€
7 F3
Este restaurante sin pretensiones con mesas con vistas a la playa es famoso por su especialidad, el ánfora Belvedere (bogavante, mejillón, pez espada, pulpo y almeja cocidos en un cazo de cerámica tradicional). *12.00-14.30 y 19.00-21.30 mi-lu*

Trattoria da Oscar €€
8 E1
Pequeño local familiar en el casco antiguo de Monterosso con excelentes platos de anchoas, almejas y ñoquis. *12.00-14.30 y 19.00-21.30 sa-ju*

Miky €€€
9 A3
De lo más sofisticado de Cinque Terre, tiene credenciales Michelin y es muy apreciado por los *gourmets*, con menús degustación a base de pescado. *12.00-14.30 y 19.00-23.00 mi-lu*

Torre Aurora €€€
10 E4
En una torre del s. XIII con terraza sobre el mar, el marisco casa a la perfección con las vistas. *12.00-22.30*

Comida callejera

Il Massimo della Focaccia €
11 B3
Panadería de comida para llevar en el paseo marítimo con la mejor *focaccia* crujiente de Cinque Terre. Habrá que hacer cola para elegir entre gran variedad de panes planos recién salidos del horno, incluyendo uno al pesto. *9.00-18.00 ju-ma*

Beber

Vino local

Enoteca Internazionale
véase 1 E1
Excelente local para descubrir los vinos regionales, con más de 500 variedades. Se puede combinar el vino con comida local en la terraza delantera en Via Roma. *8.00-23.00*

Enoteca da Eliseo
12 E2
Pisando fuerte desde la década de 1980, esta *enoteca* en un callejón tiene mesas fuera y una selección de grapas y vinos. *14.00-23.00 mi-lu*

La Cantina del Pescatore
13 E2
Proveedor de vinos locales con una excelente *bruschetta* cubierta de pesto que también vende salsas, miel y aceite de oliva de Cinque Terre. *8.00-21.00 lu-sa*

Comprar

Cerámica creativa

Fabbrica d'Arte Monterosso
14 E2
Varias generaciones de una familia crean y venden cerámica de calidad en esta tienda con jarrones, cuencos, fuentes y azulejos decorativos con elegantes diseños. *10.00-19.00*

CIRCUITO A PIE

Sentiero Verde-Azzurro

Esta ruta (SVA) de 12 km es un antiguo sendero por los acantilados que conecta los cinco pueblos de Cinque Terre en una travesía espectacular. Su importancia histórica, sus singulares terrazas agrícolas e interminables vistas de infarto significan que es muy popular y uno de los pocos senderos de pago de Italia.

CONSEJO
Debido a su popularidad, se ha instaurado un sistema de pago para controlar el uso. Hay que comprar la **Cinque Terre Trekking Card** *(adultos/niños 7,50/4,50 €)* antes de partir.

Escanea este código QR para más información sobre cómo comprar la Cinque Terre Trekking Card.

Esquema de la ruta

El SVA se divide en cuatro secciones. Los segmentos entre Monterosso al Mare, Vernazza y Corniglia cruzan bancales de piedra y campos agrícolas hábilmente cultivados. Miden 3,5 km y 3,8 km respectivamente. Hay puestos de control en cada extremo con guardas que aceptan pagos y controlan los pases.

La sección de 2,2 km entre Manarola y Corniglia está cerrada desde 2013. Como alternativa, se ofrece un sendero más elevado y abrupto vía Volastra.

La sección entre Riomaggiore y Manarola, llamada Via dell'Amore, es la más corta y sencilla.

Completar la ruta son unas 6 h, pero se suele dividir en dos días. Actualmente no se paga en la sección de Corniglia–Manarola.

De Monterosso al Mare a Vernazza

El ascenso desde Monterosso empieza con suavidad entre viñedos y frecuentes miradores para contemplar el pueblo. Enseguida, la cosa se pone seria y hay que subir varios tramos de escaleras (unos 500 en total). Las uvas autóctonas bosco, albarola y nermentino se cultivan en esta región para crear variedades clásicas de los vinos blancos de la DOC Cinque Terre. También se cultivan limones, alcachofas, alcaparras y hierbas, todo de manera sostenible.

PHOTOCREO MICHAL BEDNAREK/SHUTTERSTOCK ©

A medida que se sube, el paisaje deja atrás la costa y avanza hacia el interior. Se pasa por muros de piedra cubiertos de musgo, glicinas en flor y riachuelos que cruzan el camino, con algunos puentes de piedra. Las vistas hacia el interior muestran un valle fértil con un mosaico de cultivos rodeados de ondulantes colinas verdes. Conviene aminorar el paso para admirar los olivos e higueras, hileras de flores silvestres y algún que otro cactus.

A un poco más de la mitad de camino a Vernazza el sendero vuelve a la costa. El paisaje aquí es salvaje y virgen, con una vista que se extiende sobre las escarpadas montañas y la espuma de las olas que rompen en las rocas.

UNA PAUSA
Situado en las terrazas de Prevo entre Corniglia y Vernazza, con mesas fuera y estupendas vistas, el rústico **Il Gabbiano** sirve bebidas frías, *panini* y otros tentempiés.

De Vernazza a Corniglia

Las escaleras que salen de Vernazza conducen a un mirador desde donde el pueblo parece pequeño y frágil ante el mar tempestuoso. Más lejos,

DOS TIPOS DE TARJETA
La **Cinque Terre Trekking Card** solo da acceso al SVA entre los pueblos; la **Treno MS Card** incluye además trayectos en tren ilimitados.

unos peldaños de piedra irregulares zigzaguean entre olivos, bosques espesos y jardines en bancales abandonados.

El sendero es de tierra compacta o piedras planas en algunos tramos, con muchas escaleras. En los acantilados, unas barandillas de madera ofrecen protección adicional, ya que los meses de lluvia desgastan considerablemente el camino. Pronto se llega a una zona salvaje de la costa con vistas a las laderas de abundante vegetación mediterránea y los acantilados a la derecha, repletos de nopales y agaves.

A medio camino entre Vernazza y Corniglia, se pasa por la aldea de **Prevo,** un pequeño asentamiento fundado en el s. XVI por las familias de los pastores de montaña que emigraban aquí. Protegidas por muros de piedra seca, las terrazas

JULIA LAV/SHUTTERSTOCK ©

contienen huertos, limoneros y granados, además de cerezos y membrillo. Corniglia está 1,5 km más al este (imagen).

El eslabón perdido

El tramo entre Corniglia y Manarola, a veces llamado sendero 592-2, está cerrado por unos deslizamientos provocados por fuertes lluvias. Este segmento relativamente llano de 2,2 km discurre cerca de la costa desde la estación de trenes costera de Corniglia hasta Punta Bonfiglio en Manarola. Como alternativa, se desvía a los senderistas hacia la colina por los senderos 506, 586 y 587, respectivamente, en dirección de Corniglia vía la aldea de Volastra.

Via dell'Amore

El tramo de 1 km entre Manarola y Riomaggiore es el más popular de Cinque Terre. Se construyó originalmente en la década de 1920 para conectar dos antiguas vías de servicio, un remanente de la construcción de la línea ferroviaria regional. Incrustado en el acantilado, se tardó 11 años en completarlo y permitió unir a los habitantes de los dos pueblos geográficamente divididos. El nombre "sendero del amor" es una alusión al número de matrimonios mixtos de los dos pueblos que propició la apertura del sendero.

El terreno inestable es un problema persistente en la zona, y las cosas llegaron a su punto crítico en 2012 cuando cuatro turistas australianos resultaron heridos en un desprendimiento de rocas. El sendero se cerró y quedó en el limbo durante cerca de una década, enredado en la burocracia y con más daños provocados por el mar embravecido. Finalmente se reabrió en 2024, tras una inversión de unos 22 millones de euros en reparaciones. Para controlar el número de turistas, solo se puede acceder con una visita guiada. Por internet se puede reservar la franja horaria del circuito multilingüe de 30 min que sale cada media hora.

NUMERACIÓN DE LOS SENDEROS

Antes llamado sendero n° 2 o Sentiero Azzurro (sendero azul), el sendero principal de Cinque Terre ahora figura como SVA (Sentiero Verde-Azzurro) en los mapas y letreros, o sendero 592.

Sugerencias de lugares para comer, beber y comprar en **p. 96**

Explora
Vernazza

Arropado en torno a un espléndido puerto natural junto con Riomaggiore, rezuma un ambiente de pueblo pesquero genuino. A diferencia de otros pueblos de Cinque Terre, su iglesia medieval toca el agua, y el castillo Doria en ruinas, encaramado en una loma rocosa, está abierto al público (aunque hay poco que ver, aparte de las vistas). El puerto es el epicentro del pueblo y ofrece la mejor diversión al aire libre con una minúscula playa de arena, una bahía resguardada perfecta para nadar y varios restaurantes donde degustar el pescado fresco del día con un *prosecco*.

Cómo desplazarse

A pie
La estación de trenes está cerca del puerto. El Sentiero Verde-Azzurro (SVA, p. 84) atraviesa la localidad al este hacia Corniglia y al oeste hacia Monterosso al Mare. Las calles a ambos lados de Via Roma, la calle principal, son empinadas con muchas escaleras.

Autobús
Hay tres autobuses locales diarios desde el pueblo al Santuario della Madonna di Reggio.

Automóvil
Solo los residentes pueden circular en coche por el pueblo. Hay un aparcamiento 1 km al este por la SP-61.

Vernazza.
SIMON DANNHAUER/SHUTTERSTOCK ©

★

LO MEJOR

COMIDA CALLEJERA
Batti Batti (p. 95)

HUIR DEL GENTÍO
Santuario della Madonna di Reggio (p. 95)

MIRADOR
Castillo Doria (p. 91)

PUESTO DE HELADOS
Il Porticciolo (p. 95)

EXPERIENCIA GASTRONÓMICA CON MARISCO
Belforte (p. 96)

CIRCUITO A PIE

Paseo por Vernazza

El pueblo no es muy grande, pero hay que dar vueltas para encontrar los puntos de interés. Probablemente esté muy concurrido, sobre todo la estrecha Via Visconti en el extremo costero de Via Roma, un importante punto de congestión en hora punta. Para evitar las hordas de visitantes, es mejor ir temprano o a última hora de la tarde.

INICIO	FINAL	DURACIÓN
Estación de trenes de Vernazza	Via Vernazza	1,5 km; 1½ h

1 Monumento de guerra

Subiendo desde la estación de trenes, la diminuta **Piazzetta dei Caduti** reúne una mezcla de familias jóvenes y ancianos en busca de un respiro del bullicio del puerto. En una esquina hay un monumento dedicado a los caídos por las dos guerras mundiales, con sus nombres inscritos en una placa de mármol.

2 Arroyo local

Se sigue cuesta arriba por Via Roma hasta llegar junto al agradable **Torrente Vernazzola,** antes mucho más caudaloso y punto de encuentro de los residentes que lavaban la ropa en la orilla. Ahora está rodeado de modernos bloques de pisos, con varios puentecitos que lo cruzan.

3 Calle principal

Tras recuperar el aliento, se baja al corazón de Vernazza por **Via Roma,** una calle sinuosa repleta de tiendas, restaurantes y cafés. Al pasar la estación de trenes, un cartel en el muro izquierdo muestra la devastación de las inundaciones de octubre de 2011 (p. 95). Más adelante, también hay una pequeña capilla de piedra dedicada a santa Marta.

4 Playa y puerto

Al final de Via Roma, se desemboca en la **Piazza Marconi** abierta, flanqueada por restaurantes con mesas en el exterior, justo al borde del agua.

5 Callejones

Se retrocede y se gira a la derecha por **Via Guidoni** para ver una comunidad centenaria de viviendas apiñadas por la ladera, con flores en los balcones y la colada al viento.

6 Almenas

Situado en un espolón de 70 m de alto, el **castillo Doria** data aproximadamente del año 1000 y hoy día es más que nada una ruina, exceptuando la torre circular en el centro de la esplanada. El castillo cambió de manos entre Pisa y Génova en la época medieval, y durante la II Guerra Mundial el ejército alemán lo usó como puesto antiaéreo.

7 Mirador elevado

Se desciende de nuevo a Via Roma y se suben las escaleras del otro lado. Siguiendo este camino se llega a un **mirador** por encima de la iglesia, que ofrece maravillosas vistas del puerto y los viñedos en bancales de las afueras.

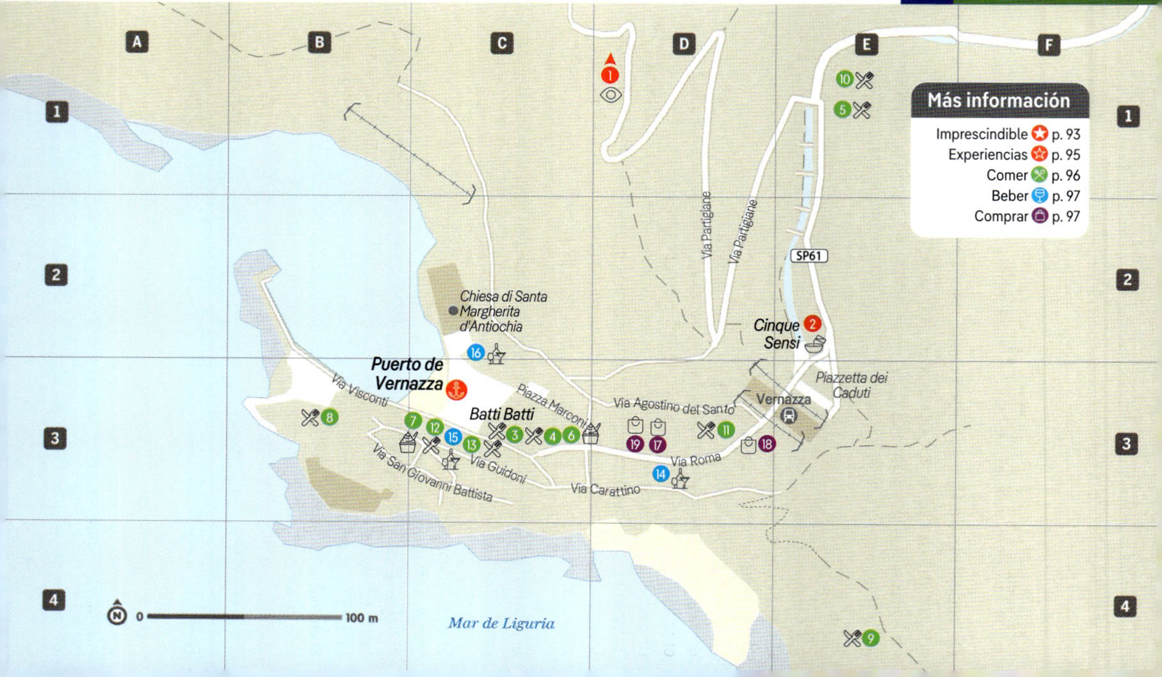
Más información
Imprescindible p. 93
Experiencias p. 95
Comer p. 96
Beber p. 97
Comprar p. 97
Chiesa di Santa Margherita d'Antiochia
Puerto de Vernazza
Batti Batti
Cinque Sensi
Piazzetta dei Caduti
Vernazza
Via Visconti
Piazza Marconi
Via Agostino del Santo
Via Roma
Via Carattino
Via Guidoni
Via San Giovanni Battista
Via Partigiane
Via Partigiane
SP61
Mar de Liguria
0
100 m

★ IMPRESCINDIBLE

Puerto de Vernazza

De todos los de Cinque Terre, este es el más grande y animado con su plaza mayor al borde del agua. Aquí es donde los visitantes enamorados vienen a degustar su comida para llevar, a luchar por un espacio en la diminuta playa y a desafiar las gélidas aguas cristalinas.

PLANO: P. 92 **C3**

Piazza Marconi

La vida de pueblo y los grupos de turistas coexisten en esta magnífica plaza frente al mar. En días despejados, las terrazas de los cafés y restaurantes, cuyas mesas llenan la *piazza,* son perfectas para degustar marisco fresco o un cóctel vespertino. También se pueden conseguir algunos de los mejores helados de Vernazza (como el venerado Il Porticciolo; p. 96) y comerlos en el malecón que sale del puerto. Cuando los turistas se marchan en invierno, las mesas desaparecen y los pescadores suben sus barcas a la plaza.

Playa nanoscópica

En los cálidos días de verano, esta diminuta porción de arena al final de la *piazza* atrae a los bañistas hasta su orilla (hay que ir temprano para tener un metro cuadrado de espacio). El mar suele estar calmado, con los barcos balanceándose frente a la costa y los niños chapoteando en el agua fría. También se pueden alquilar botes (kayaks, yates) y organizar excursiones acuáticas.

Bañarse y tomar el sol

Si la playa está a reventar, se puede seguir el estrecho pasaje por la orilla, pasada la iglesia y tumbarse en las rocas planas al borde del agua o remojarse mientras los trenes pasan por encima

CONSEJO

Se recomienda reservar una mesa en una terraza al anochecer. Es un momento mágico para disfrutarlo frente al mar. Algunas sugerencias son **Ananasso Bar** (p. 97) y **Gianni Franzi** (p. 97).

Escanea este código QR para más información sobre Cinque Terre y Vernazza.

LILIANA MARMELO/SHUTTERSTOCK ©

del muro de piedra que bordea las olas. Otro lugar de baño popular es una *piazza* más pequeña frente al restaurante Belforte (p. 96) al oeste del muro del puerto.

UNA PAUSA
El mejor lugar para un tentempié *(focaccia)*, café y cócteles en la plaza es **Ananasso Bar** (p. 97) a la sombra de la iglesia.

Chiesa di Santa Margherita d'Antiochia

El frente marítimo está dominado por esta compacta **iglesia** (foto) de estilo gótico de Liguria, construida en un pequeño promontorio frente al mar en 1318, en el emplazamiento de un edificio románico del s. XI. Según la leyenda, la iglesia se construyó tras la aparición de una caja con los huesos de santa Margarita en una playa cercana. Es de especial interés por su inusual torre octogonal de 40 m, con una cúpula.

Por dentro es relativamente austera, aunque contiene pinturas del s. XVII y un crucifijo de madera atribuido a Anton Maria Maragliano. Sus estrechas ventanas en arco enmarcan las vistas increíbles de los barcos en el puerto y sus cabos en el mar revoltoso.

EXPERIENCIAS

Peregrinaje al santuario de Reggio

IGLESIA Y SENDERISMO

PLANO: 1 P. 92 **D1**

El ascenso a este emblemático santuario por un antiguo sendero cubierto de vegetación con las ahora oxidadas estaciones de la cruz es fascinante. El **Santuario della Madonna di Reggio** es una iglesia solitaria custodiada por una alameda que incluye un ciprés de 800 años. La fachada románica data del s. XIII y contiene una venerada pintura del s. XIV de la Virgen negra y el Niño. En el s. XVII se construyó una "casa de huéspedes" de color rojo terracota en la parte trasera de la iglesia, pero ahora está casi siempre vacía. Entre la vegetación, se esconden varias estatuas enmohecidas y una pequeña gruta. El sendero hasta el santuario empieza 150 m al norte de la estación de trenes de Vernazza y transcurre unos 2 km entre olivares y jardines aterrazados.

Hacer pesto y beber vino

CLASES DE COCINA

PLANO: 2 P. 92 **E2**

La cocina de Liguria es legendaria por su sencillez y Vernazza probablemente sea el mejor lugar de Cinque Terre para descubrir la gastronomía local. **Cinque Sensi** *(5sensivernazza.com; desde 50 €)* ofrece excelentes clases de pesto y catas de vinos en un atractivo bar-restaurante de piedra gris muy cerca de la estación de trenes. Hay que reservar.

Comprar comida callejera en Via Visconti

COMIDA PARA LLEVAR

PLANO: 3 P. 92 **C3**

Merece la pena enfrentarse a las masas de Via Visconti para probar algunos de los establecimientos de comida que venden una amplia selección de comida callejera exclusiva de Liguria. El helado es un rito de paso en Cinque Terre, e Il Porticciolo (p. 96) junto al puerto pone el listón muy alto con sus sabores realmente originales. La *focaccia* es dominio de **Batti Batti** (p. 96), una tienda donde sirven gruesas porciones crujientes a velocidad profesional. La misma empresa regenta una pequeña *friggitoria* unas puertas más abajo, con generosas dosis de marisco frito en cucuruchos.

INUNDACIONES DE 2011

El 25 de octubre de 2011 es un día que quedará en la historia de Cinque Terre, especialmente en Vernazza, cuando un diluvio bíblico inundó el pueblo y convirtió Via Roma en un violento torrente de barro y escombros que destruyó la planta baja de casi todos los edificios. Por desgracia, tres personas murieron y la población tuvo que ser temporalmente evacuada. Cuando el clima se calmó, se inició una lenta limpieza y unas reparaciones estimadas en torno a 100 millones de euros.

SUGERENCIAS

Lo mejor para...

€ Económico €€ Medio €€€ Alto

Localizaciones en el plano de la **p. 92**

Comer

Comida callejera

Batti Batti €
véase 3 C3
Panadería solo para llevar con las mejores porciones de *focaccia* del pueblo (o incluso de Cinque Terre), además de *pizzas* rebosantes. *10.00-18.00 ju-ma*

Batti Batti Friggitoria €
4 C3
Unas pocas tiendas al este del puesto de *focaccia*, este de pescado frito igualmente informal sirve cucuruchos rebosantes de una crujiente mezcla de calamares rebozados, anchoas, gambas y bacalao. También patatas fritas. *10.00-18.00 ju-ma*

Pippo a Vernazza €
5 E1
Puesto de comida para llevar en lo alto del pueblo lejos de las aglomeraciones que ofrece cajas de pasta, postres caseros y muchas variedades de *focaccia* rellena. Ideal para un pícnic junto al santuario Reggio de Vernazza. *11.30-20.00 ju-ma*

Helados

Gelateria Vernazza €
6 C3
Puesto de la calle principal siempre lleno y por un buen motivo: sus tentadores sabores como ricota con higo y chocolate blanco con frambuesa. También tienen un buen *affogato. 10.00-23.30*

Il Porticciolo €
7 C3
Elaboran un helado totalmente natural de sabores afrutados, como yogur griego con miel, junto al puerto de Vernazza. El pistacho verde claro tiene una clientela fiel. *10.00-19.30*

Alta cocina

Belforte €€€
8 B3
Un clásico de Vernazza de más de 50 años, sirve alta cocina, como platos de marisco preparados con esmero, en un castillo del s. X con un evocador interior de muros de piedra y varias terrazas con magníficas vistas. *12.00-15.00 y 19.00-22.00 mi-lu*

La Torre €€€
9 E4
Escondido en un camino de las colinas fuera del centro, sirve *trofie al pesto* (fideos cortos y enrollados con pesto) al estilo genovés, espaguetis con marisco, mejillones rellenos y otros clásicos, aunque su auténtico atractivo son las vistas desde su alargada terraza. *12.00-16.00 y 18.00-22.00*

Hambre matutina

Il Pirata delle 5 Terre €
10 E1
Sencillo pero soberbio, es famoso por sus desayunos memorables: café con las mejores pastas de Liguria que se funden en la boca. Es tan exquisito que se querrá volver para comer y cenar. *7.00-19.00 sa-ju*

Blue Marlin €€

11 D3

En la calle principal, con mesas fuera, y antigüedades diversas y una animada banda sonora dentro, atrae un flujo constante de residentes y visitantes, que degustan sus esponjosos cruasanes, huevos revueltos y capuchinos por la mañana. *7.00-24.00 ju-ma*

Pescado local

Gambero Rosso €€

12 C3

Si se ha subsistido a base de *focaccia* hasta ahora, los platos especiales de la casa, como *tegame di Vernazza* (anchoas con patatas asadas y tomate), pulpo de roca a la parrilla o mejillones rellenos, sabrán a gloria. El pescado fresco a la sal es excelente. *12.00-15.00 y 19.00-22.00 vi-mi*

Gianni Franzi €€

13 C3

Este local del puerto lleva sirviendo marisco tradicional de Cinque Terre (mejillones, raviolis de marisco y anchoas con limón) desde la década de 1960. Con un marisco tan fresco, no hay necesidad de complicar los platos. Las mesas de fuera están en un entorno fantástico. *8.00-23.00 ju-ma*

Beber

Vino y cerveza con aperitivos

5 Terre Bistrot

14 D3

Algo escondido tras la capilla de la calle principal de Vernazza, este pequeño bar de vinos con tienda es ideal para probar algunos de los mejores caldos de Cinque Terre. Ofrecen vinos locales y aperitivos, además de cervezas de calidad como la Weihenstephaner en las mesas de fuera. *11.00-22.00*

Bares junto al puerto

Burgus Bar

15 C3

Local encantador, con solo un par de bancos con vistas a la minúscula playa de Vernazza. *9.30-24.00*

Ananasso Bar

16 C2

Uno de los múltiples centros gastronómicos de la plaza del puerto, destaca por sus sombrillas amarillas cerca de la iglesia. Sirven café y cócteles en un ambiente desenfadado. *8.00-23.00*

Comprar

Arte de artistas

Bottega d'Arte

17 D3

Oculta tras una pequeña fachada azotada por el clima, vende las pinturas de Antonio Greco, que pasó su infancia en Vernazza. Sus paisajes marinos y escenas del pueblo evocan la magia de Cinque Terre. *10.30-19.00*

Moda y accesorios

Il Talismano

18 D3

Bajo los arcos al sur de la estación de trenes, esta *boutique* vende ropa, bolsas, joyas, carteras y sombreros, algunos de origen local, otros de tan lejos como Nepal. *10.00-19.30 ma-do*

Botellas y jarras

Enoteca Sciacchetrà

19 D3

Esta tienda abarca vinos de todo el país, pero su punto fuerte es el vino de postre local, el Sciacchetrà, además de aceite de oliva de trufa, pesto genovés, dulces de limón y más. *10.00-19.00*

Sugerencias de lugares para comer, beber y comprar en **p. 105**

Explora
Corniglia

Es el "tranquilo" pueblo central de Cinque Terre, encaramado sobre un promontorio rocoso rodeado de campos en bancales y vertiginosos acantilados. Es el único sin acceso directo al mar, aunque unos empinados escalones conducen a una pequeña cala con algunos botes desconchados. El pueblo es poco más que una calle estrecha que se abre en dos pequeñas plazas y termina en un mirador sobre el acantilado llamado Belvedere di Santa Maria. Debe parte de su tranquilidad a su elevada posición. Para llegar, desde la estación del ferrocarril sube una escalera de ladrillo en zigzag llamada Lardarina. De origen romano, su casco antiguo y calles intemporales se mencionan en *El decamerón* de Boccaccio del s. XIV.

Cómo desplazarse

A pie
El pueblo es pequeño y prácticamente peatonal. Desde la estación de trenes a Piazzetta Ciapara son 15 min de ascenso por una larga escalera exterior (la Lardarina).

Autobús
Hay una lanzadera entre la estación de trenes y el centro del pueblo cada 15 min durante el día. La tarifa está incluida en la Cinque Terre Card.

Automóvil
Una tranquila carretera bordea el pueblo y lo conecta con San Bernardino y más allá, pero es principalmente de uso local. El aparcamiento es limitado.

Corniglia.

LO MEJOR

'GELATO'
Alberto Gelateria (p. 105)

SERVICIO DE MESA
Ristorante Cecio (p. 105)

PASTEL DE NUTELLA
Pan e Vin (p. 105)

APERITIVO CON VISTAS
Bar Terza Terra (p. 105)

ESCAPADA RURAL
San Bernardino (p. 103)

CIRCUITO A PIE

Paseo por Corniglia

No es difícil orientarse en este diminuto pueblo, cuyos 150 habitantes viven en la calle principal o alrededores. Este corto paseo pintoresco brinda la ocasión de decirles *buongiorno* mientras tienden la colada, juegan al fútbol o amarran su barco en el puerto deportivo.

INICIO	FINAL	DURACIÓN
Scalinata Lardarina	Belvedere di Santa Maria	800 m; 1 h

1 Escalera hacia el cielo

La ruta empieza en lo alto de la **Scalinata Lardarina,** una escalera de ladrillos de terracota de 377 escalones. Cuando la sección Manarola-Corniglia del Sentiero Verde-Azzurro (SVA) estaba abierta, formaban parte del sendero. Los peldaños zigzaguean por la pared de un acantilado de 100 m de alto. Ofrece una vista aérea de la estación del pueblo al fondo.

2 Piazza apacible

Se sigue la calle hasta la diminuta **Piazzetta Ciapara** en la entrada al pueblo. Aunque muchos senderistas la cruzan rápidamente, es un buen lugar para detenerse e impregnarse del ritmo del pueblo. Hay unos bancos a la sombra, un par de tiendas de comestibles y una antigua prensa de vino en el centro de la plaza, vestigio de la antigua industria vinícola, en su día fundamental.

3 Calle principal

Pueblo de una calle, **Via Fieschi,** es estrecha y sinuosa, con casas de cuatro plantas que tapan el sol. Varias tiendas y puestos de comida callejera distraen al viandante.

4 Posición privilegiada

El epicentro del pueblo es el estrecho **Largo Taragio** (p. 104), lleno de mesas de los distintos cafés, ideales para ver desfilar a residentes y turistas. En el centro se erige un monumento conmemorativo y un pequeño oratorio dedicado a santa Catalina y la Virgen María.

5 Bajada al mar

Varios tramos de escalera bajan desde Largo Taragio por una callejuela hasta el **puerto deportivo,** a menudo obviado, poco más que una grada de hormigón en una cala rocosa donde unos botes desconchados desafían los elementos. A veces, algunos nadadores se zambullen si el mar está en calma.

6 Panorámica desde el acantilado

Se regresa a Largo Taragio y se va hacia el oeste por Via Fieschi, que termina unos 80 m más lejos en el mirador más impresionante de Corniglia, **Belvedere di Santa Maria** (p. 104), con vistas de 180 grados de la costa, desde el pueblo más meridional de Cinque Terre, Riomaggiore, hasta la boscosa península de Punta Mesco en el noroeste.

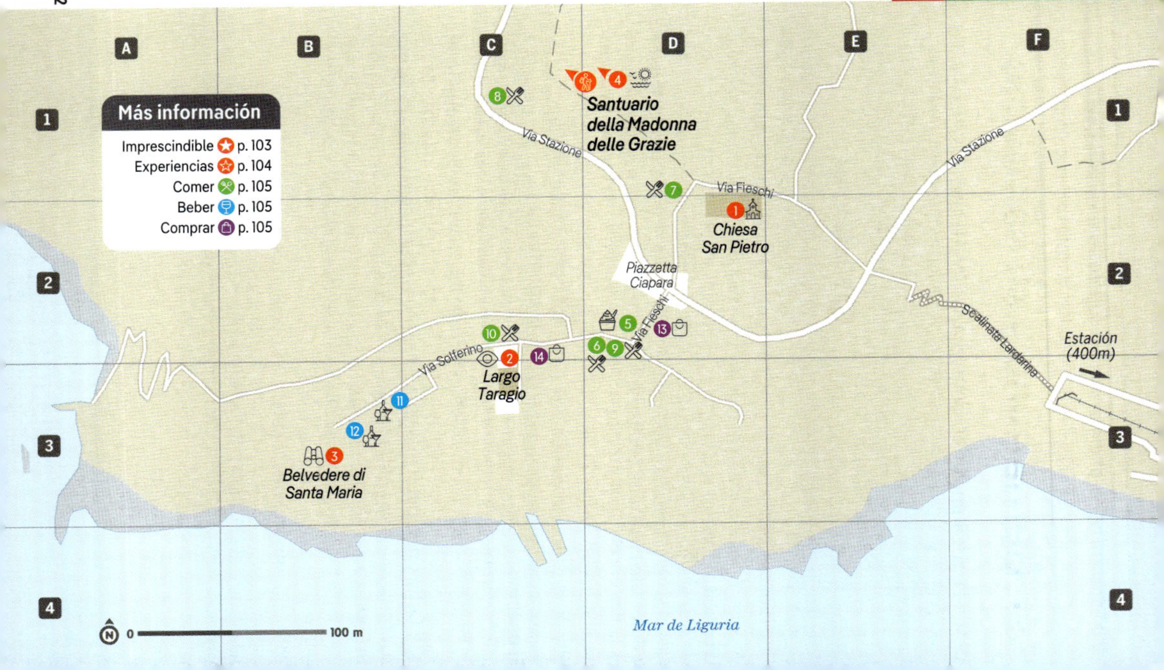
A
B
C
D
E
F
1
2
3
4
Más información
Imprescindible p. 103
Experiencias p. 104
Comer p. 105
Beber p. 105
Comprar p. 105
Santuario della Madonna delle Grazie
Via Stazione
Via Fieschi
Chiesa San Pietro
Piazzetta Ciapara
Scalinata Lardarina
Estación (400m)
Via Solferino
Largo Taragio
Belvedere di Santa Maria
Mar de Liguria
0
100 m

★ IMPRESCINDIBLE

San Bernardino y su santuario

Desde la plaza mayor de Corniglia, se ve una pequeña población y una iglesia en lo alto de la cresta sobre el mar. Se trata de San Bernardino y el Santuario della Madonna delle Grazie, uno de los cinco santuarios venerados asociados a Cinque Terre.

PLANO: P. 102 **D1**

La iglesia

Grazie (que significa "Nuestra Señora de Gracia") es bastante más nuevo que los demás santuarios marianos de la región. La estructura actual, aunque es claramente de estilo tradicional, data de principios del s. XX, cuando se construyó en el lugar de una antigua capilla del s. XVI. Más antigua que la iglesia es la pintura de Nuestra Señora sobre el altar, flanqueada por los óvalos de san Bernardo da Chiaravalle y san Bernardino da Siena.

El pueblo

San Bernardino es divinamente tranquilo, apenas tocado por el turismo. Su único negocio es un bar-tienda que abre de forma esporádica. La amplia terraza abierta frente a la iglesia ofrece una fantástica panorámica de la costa, con las casas apiñadas de Corniglia a lo lejos.

Los senderos

Hay varias rutas que suben al santuario desde Corniglia. Lo más fácil es seguir la carretera asfaltada principal que bordea la ladera durante 3,3 km. Algo más tranquilo es el sendero SVA hacia el oeste hasta Prevo, antes de cruzar la carretera y desviarse por el sendero 507 (que empieza en Vernazza) para la sección final.

CONSEJO
Una buena excursión de un día es ir a pie a San Bernardino desde Corniglia, bajar a Vernazza por el sendero 507 y completar el triángulo regresando a Corniglia por el SVA.

Escanea este código QR para más información sobre el santuario.

EXPERIENCIAS

Admirar la mejor iglesia de Cinque Terre IGLESIA

PLANO: 1 P. 102 D2

A pesar de su diminuto tamaño, Corniglia alberga la iglesia más impresionante de la región, **Chiesa San Pietro,** una pequeña estructura gótica cuya fachada de piedra gris está adornada por un delicado rosetón de mármol de Carrara y una pequeña estatua de un san Pedro llave en mano, flanqueada por dos figuras sobre la entrada.

El interior está decorado con brillantes frescos barrocos, un retablo de excelente ejecución y más pinturas sombrías del s. XVIII. La iglesia, en una terraza elevada sobre el pueblo, data de 1334. Su silencioso interior es un bálsamo tras recorrer a pie el sendero SVA para disfrutar de la quietud.

LEGENDARIA PLAYA GUVANO

PLANO: 4 P. 102 D1

Spiaggia di Guvano, entre Corniglia y Vernazza, fue un famoso destino nudista en las décadas de 1960 a 1990, cuando los bañistas más intrépidos -cómo no, *hippies* y espíritus libres- acudían a pie a través de un túnel ferroviario oscuro y abandonado. Por desgracia, unos deslizamientos de tierra obligaron a cerrar el túnel en 2016 y ahora solo es accesible por mar, en kayak o en circuitos en barco privados. En los últimos años, la zona se ha declarado de alto riesgo por los desprendimientos de barro y tierras, y técnicamente es una zona prohibida. Por ahora por lo menos, la playa más famosa de Cinque Terre está cerrada.

Mirador sobre el mar MIRADORES

Situado sobre un acantilado, Corniglia ofrece una excelente panorámica del paisaje circundante. Detrás del oratorio en **Largo Taragio** (PLANO: 2 P. 102 C2) hay una pequeña *piazza* elevada que los niños del pueblo usan como campo de fútbol. La pared posterior del oratorio tiene una pequeña portería pintada, mientras que la del lado frente al mar está cubierta por una gran red diseñada para atrapar balones perdidos. Además de las referencias deportivas, la *piazza* también sirve de espectacular mirador: a través de la raída red, se divisa una espléndida vista de la costa al sureste con verdes colinas en arco hacia Manarola, encaramada sobre el agua.

Aún mejores vistas ofrece el **Belvedere di Santa Maria** (PLANO: 3 P. 102 B3) en el extremo sur de Via Fieschi, que termina abruptamente en una terraza amurallada invadida por el Bar Terza Terra (p. 105), con parejas de enamorados que brindan ante unas vistas de ensueño. Se recomienda para ver la puesta de sol.

Localizaciones en el plano de la **p. 102**

Lo mejor para...

€ Económico €€ Medio €€€ Alto

Comer

Alberto Gelateria €

5 D2

A menudo reconocido como el mejor helado de los cinco pueblos, utiliza hierbas locales para intensificar sus afrutados sabores. El de albahaca de su jardín es muy bueno. *10.00-22.00*

Pan e Vin €

6 D2

Su amable personal sirve desayunos abundantes, bocadillos de *focaccia,* vino y el mejor pastel de Nutella de la Riviera. Sentado en un banco de iglesia, se puede disfrutar de una larga pausa. *7.00-20.00*

À Cáneva €

7 D1

Perfecto para desayunar o almorzar en un lugar tranquilo junto a la iglesia, sirve el mejor cruasán de pistacho y café de los cinco pueblos. *7.00-21.00 lu-vi, hasta 24.00 sa y do*

Ristorante Cecio €€

8 C1

Grandes porciones de especialidades ligures, marisco excelente, con servicio campechano. *12.00-15.00 y 18.30-22.00*

Enoteca Il Pirun €€

9 D2

Situada en una casa de pueblo, esta *trattoria*-bar de vinos tradicional elabora clásicos sencillos de Cinque Terre. *12.00-15.00 y 19.00-22.00*

Il Buongustaio €€

10 C2

Tiene mesas en la plaza principal y un interior con vistas a los viñedos y sirve *cucina casalinga* (cocina casera) procedente del mar. *12.00-22.00*

Beber

La Scuna

11 B3

Cerveza artesanal de barril, cócteles de primera y creativos aperitivos: una combinación celestial en este local sorprendentemente moderno en medio de un pueblo tradicional. *8.30-23.30*

Bar Terza Terra

12 B3

Combinaciones de aperitivo con pan, pesto y anchoas en una terraza a 100 m de altura que da la impresión de estar volando sobre el Mediterráneo. *12.00-23.00*

Comprar

Profumo di Mare

13 D2

Tienda de recuerdos con cerámica autóctona, joyas artesanales, aceites de oliva y tablas de cortar de madera de olivo de la Liguria superior. *9.00-19.00*

Lanapo

14 C2

Tienda con conexiones milanesas que le da un toque de distinción a Corniglia, con sandalias producidas en Cinque Terre y otro calzado a la moda. *9.00-13.00 lu-vi, 10.00-13.00 y 15.00-19.00 sa*

CIRCUITO A PIE

De Manarola a Corniglia

Esta antigua ruta, parte de la cual se remonta a la era romana, ha sustituido la sección Manarola-Corniglia del Sentiero Verde-Azzurro que quedó dañada por unos corrimientos de tierra en 2013. Sube muchos escalones hasta el pueblo de Volastra, a 335 m sobre el nivel del mar, atraviesa los viñedos aterrazados más apreciados de Cinque Terre y baja hasta el encantador Corniglia.

INICIO	FINAL	DURACIÓN
Manarola	Corniglia	5,4 km; 2½ h

1 'Arrivederci Manarola'
Se sube la colina por **Via Discovolo,** la calle principal de Manarola. Desde el aparcamiento, se toma el camino a la derecha, con un precario letrero que indica "Volastra". Por un momento, el sendero se une a una carretera que rodea los viñedos aterrazados sobre el pueblo y deja al senderista al pie de unas desafiantes escaleras.

2 Escaleras arriba
Hay unos 1200 **pequeños escalones** entre la carretera y Volastra. Por suerte, el sendero de piedra es firme y está bien mantenido, y pasa entre higueras, olivos y viejos muros de piedra, con una ligera cuesta al acercarse a las casas pastel del pueblo.

3 Raíces romanas
Un milenio más antiguo que Manarola, **Volastra** fue probablemente fundada por los romanos, aunque algunos historiadores sugieren que el diseño circular es etrusco. El nombre procede de *vicus oleaster* que significa "tierra de olivos". A 335 m de altura, fue -y todavía es- una importante encrucijada y área de producción vinícola. Hay una tienda con bebidas y una apacible iglesia local, uno de los cinco santuarios marianos de Cinque Terre.

4 Directo de la viña
Al oeste de Volastra, la bodega con la ubicación más sugerente de Italia, **Cantina Capellini** (p. 117), ofrece catas casi todos los días. Se compra la bebida local preferida en el rústico puesto y desde una de las mesas de barril se admiran las vistas de los viñedos aterrazados que descienden hasta el mar, Manarola a un lado, Corniglia al otro.

5 Bosque de pinos
El angosto sendero continúa hacia el oeste, bordeando viñedos y pasando por un patio privado con vistas al mar de algún habitante de la aldea de **Porciana.** Aquí, las viñas dan paso a antiguas terrazas agrícolas, hoy invadidas de bosques de pino marítimo. Las vistas de la costa son tan hermosas que distraen al senderista. ¡Ojo por dónde se pisa!

6 'Buongiorno Corniglia'
Poco después de cruzar el sendero 587 comienza una bajada empinada que se acentúa a medida que se acerca a **Corniglia.** Tras unos escalones bastante deteriorados se llega a un cruce en T. Se gira a la derecha por el camino hasta Via Fieschi, la calle principal de Corniglia. Al final, nada mejor que un aperitivo con vistas en La Scuna.

Sugerencias de lugares para comer, beber y comprar en **p. 116**

Explora Manarola

Es el pueblo del vino de Cinque Terre, con viñedos apiñados en estrechos bancales en lo alto del pueblo. También es famoso por su belén iluminado, sus agradables cafés y un mirador en un promontorio rocoso, Punta Bonfiglio, con unas vistas que se extienden por la costa en ambas direcciones. La imagen del pueblo desde la Punta, con sus casas multicolor apiladas sobre el puerto, es la foto más típica de la región.

Hay indicios de que Manarola es el pueblo más antiguo de Cinque Terre, fundado por habitantes de la cercana Volastra en la Edad Media. Su pequeño tamaño y estrecha calle principal, Via Discovolo, significa que en verano está muy concurrido. Turistas aparte, Manarola conserva su autenticidad y sus residentes (353 habitantes) todavía hablan un dialecto singular, distinto de los otros cuatro pueblos.

Cómo desplazarse

A pie

Como en todos los pueblos de Cinque Terre, no hay coches. Un túnel conecta la zona urbana principal con la estación de trenes. Un abrupto sendero sube a Volastra.

Automóvil

Hay un aparcamiento en las afueras, al final de Via Discovolo.

Autobús

Los autobuses locales suben al santuario y los viñedos de Volastra por si no apetece caminar.

Manarola.

RAPHAEL ROTHER/SHUTTERSTOCK ©

★

LO MEJOR

RELIQUIA ARTÍSTICA
Tríptico en la Chiesa di San Lorenzo (p. 111)

SENDERO LOCAL
Via Beccara (p. 114)

PARAJE PARA UN APERITIVO
Nessun Dorma (p. 113)

RESTAURANTE DE MARISCO
Trattoria dal Billy (p. 116)

CAFÉ Y TARTA
Cappun Magru (p. 116)

CIRCUITO A PIE

Paseo por Manarola

El pueblo es pequeño y compacto. Su sencillo diseño está organizado en torno a una calle principal, Via Discovolo, que conecta dos diminutas plazas y un puerto. Este corto paseo capta su esencia profunda, con sus restaurantes que cocinan con ingredientes procedentes de los cultivos de los bancales y sus barcos pesqueros amarrados en el puerto.

INICIO	FINAL	DURACIÓN
Estación de trenes de Manarola	Puerto	1 km; 45 min

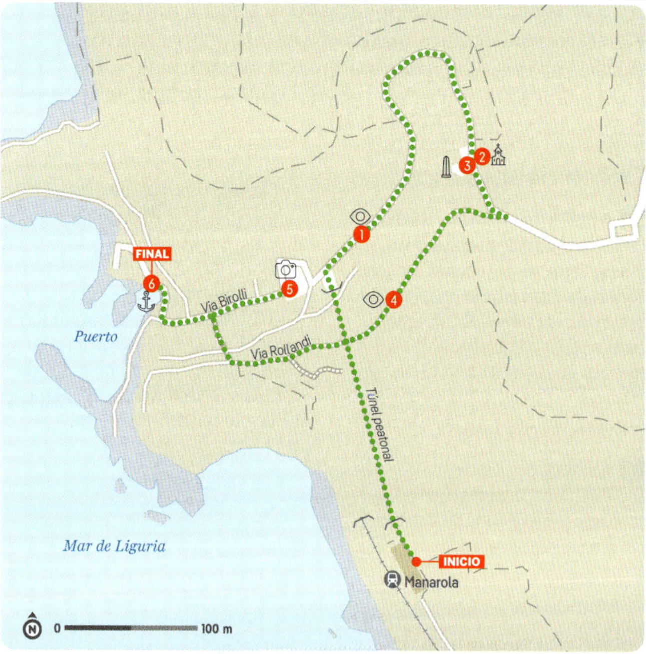

1 Paseo por la calle principal

Se atraviesa el túnel peatonal que va de la estación al pueblo. Una vez fuera, se gira a la derecha. La sinuosa **Via Discovolo,** llamada así por el pintor italiano del s. XX Antonio Discovolo, es la arteria comercial de Manarola, llena de tiendas de alimentación, ropa y puestos de comida que compiten por la atención de residentes y turistas.

2 Pulso eclesiástico

Se sigue cuesta arriba por la curva cerrada de la calle. Poco después del giro, aparece la **Chiesa di San Lorenzo,** una imperturbable iglesia del s. XIV de estilo gótico de Liguria. Destaca su tríptico del s. XIV en el altar, que representa la Virgen con el Niño, santa Catalina y san Lorenzo.

3 Alrededores de la iglesia

Frente a la iglesia se erige un **campanario** que servía de puesto de vigilancia durante el s. XIV. Una placa de mármol sobre la puerta rinde tributo a los lugareños que perdieron la vida en la I Guerra Mundial. Desde el lateral de la torre se obtiene una vista parcial de los viñedos elevándose sobre el pueblo.

4 Desvío hacia los callejones

Se sigue adelante y se suben las escaleras a la derecha. La estrecha *Via Rollandi* pasa por casas de pueblo y uno de los mejores restaurantes de la localidad (Trattoria dal Billy, p. 116), con magníficas vistas a los bancales. Hay que seguir casi hasta el final y tomar la Scalinata Pezzali de regreso a la calle principal y girar a la derecha.

5 Mosaico en la calle principal

La **Piazza Dario Capellini** es relativamente austera, salvo por un gran mosaico grabado en la calzada con pescados y aves marinas. Algo elevada sobre las calles adyacentes, ofrece una buena perspectiva de la verticalidad del pueblo, con empinadas laderas y casas altas a ambos lados.

6 Acercarse al mar

Al girar a la izquierda se desciende al pequeño **puerto.** Se puede bajar en zigzag hasta la orilla del agua para obtener una vista espectacular del mar de Liguria. Aunque no hay playa, algunos bañistas valientes se sumergen en el agua desde el muelle. Otros toman el sol en las rocas que bordean la costa.

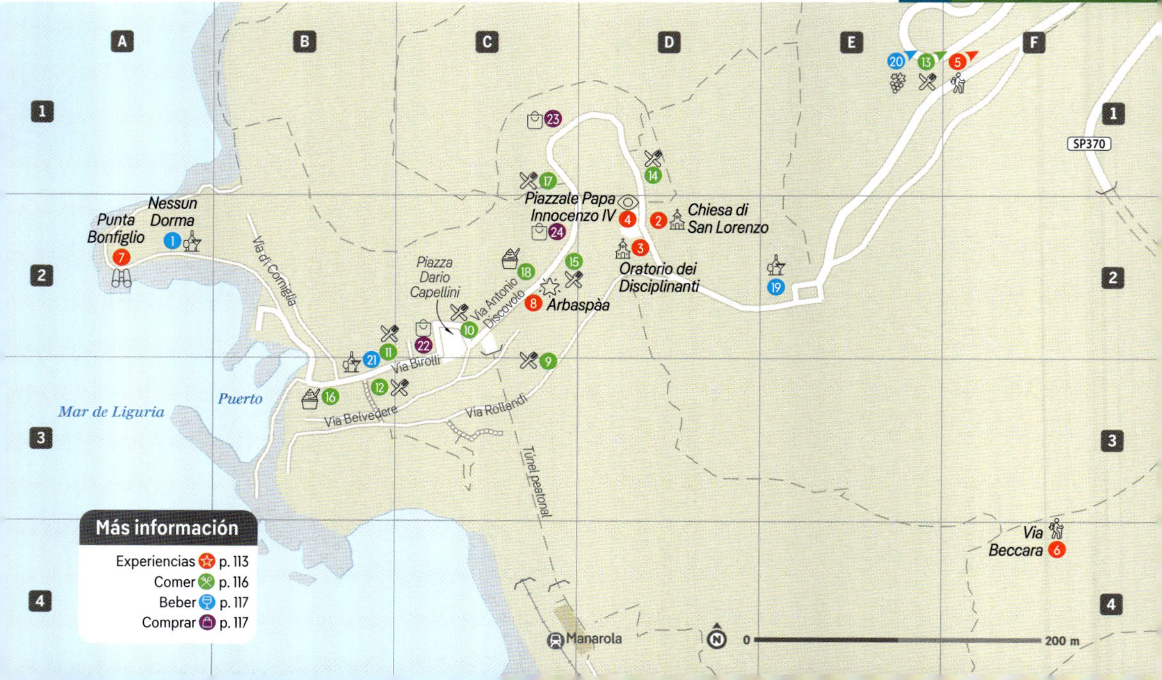
A
B
C
D
E
F
1
2
3
4
SP370
Punta Bonfiglio
Nessun Dorma
Via di Corniglia
Mar de Liguria
Puerto
Piazza Dario Capellini
Via Antonio Discovolo
Via Birolli
Via Belvedere
Via Rollandi
Túnel peatonal
Piazzale Papa Innocenzo IV
Chiesa di San Lorenzo
Oratorio dei Disciplinanti
Arbaspàa
Via Beccara
Manarola
0
200 m
Más información
Experiencias p. 113
Comer p. 116
Beber p. 117
Comprar p. 117

EXPERIENCIAS

Saborear pesto y vino en Nessun Dorma COMIDA Y BEBIDA

PLANO: 1 P. 112 **A2**

Situado en el promontorio Bonfiglio acariciado por las olas con vistas a las casas color pastel de Manarola, **Nessun Dorma** *(nessundormacinqueterre.com)* es un bar con una arbolada terraza, ideal para tomar una copa al atardecer. Ofrece una gran selección de vinos y muchos cócteles creativos (como el *limoncino spritz*) que se pueden combinar con bocadillos, ensaladas, *bruschette* y también tablas de quesos.

Lógicamente, es muy popular. Para reservar hay que registrarse en la *app* en línea. La experiencia mejora si se reserva una clase para hacer pesto allí mismo, con cena y cata de vinos incluida.

Pausa en Piazzale Papa Innocenzo IV PLAZA

El centro eclesiástico de Manarola está dominado por dos iglesias custodiadas por un campanario independiente que en su día servía de torre de vigilancia. La **Chiesa di San Lorenzo** (PLANO: 2 P. 112 **D2**) es la iglesia principal, que data de 1338 y contiene un tríptico del s. XIV. El **Oratorio dei Disciplinanti** (PLANO: 3 P. 112 **D2**), más pequeño y austero, data del s. XV y es casi idéntico a su tocayo en Corniglia.

Cuando los turistas se marchan, la diminuta **Piazzale Papa Innocenzo IV** (PLANO: 4 P. 112 **D2**) suele convertirse en un campo de fútbol improvisado. Es el mejor momento para visitarla. Allí cerca, el pequeño pero acogedor Cappun Magru (p. 116) es ideal para un sándwich tras una excursión.

La plaza lleva el nombre del papa Inocencio IV del s. XIII, que supuestamente nació en Manarola hacia 1195 (otras fuentes alegan que es genovés). Fue papa durante 11 años, de 1243 a 1254.

Ascenso a un santuario IGLESIA Y SENDERISMO

PLANO: 5 P. 112 **F1**

En las afueras del pueblo, el **Santuario della Madonna delle Salute,** del s. XIII, se erige en lo alto de Volastra, una caminata de 45 min desde Manarola por un montón de escalones. La sencilla estructura gótico-románica está hecha de arenisca local y, como otras iglesias de Cinque Terre, custodia una venerada imagen de la Virgen (Nuestra Señora de la Salud) detrás del altar. Según la leyenda, las campanas de la iglesia se ocultaron bajo tierra durante las incursiones sarracenas y nunca se recuperaron. Se dice que aún doblan en las noches de tormenta.

El santuario es una pacífica estación de paso entre Manarola y Corniglia.

Abordar la alternativa más desafiante a Via dell'Amore

SENDERISMO

PLANO: 6 P. 112 F4

Antes de que Via dell'Amore (Sendero del Amor) se excavara en la pared del acantilado en la década de 1920, la única conexión terrestre no ferroviaria entre Manarola y Riomaggiore era **Via Beccara,** un duro y agotador ascenso por Costa Corniolo, un escarpado promontorio que separa ambos pueblos.

Señalizado como sendero 531, asciende casi vertical por unos escalones a través de jardines aterrazados hasta un magnífico mirador y luego baja de la misma forma vertiginosa por el otro lado. La distancia es de menos de 1,5 km, pero en general se tarda una hora en completarlo. Sin embargo, el paisaje es espectacular –sin duda como el de Via dell'Amore– pero sin las incesantes multitudes o sistema de pago.

Esta ruta sirvió de sendero principal Manarola-Riomaggiore entre 2012 y 2024 cuando Via dell'Amore se cerró por un desprendimiento.

Empieza frente a la iglesia en Piazzale Papa Innocenzo IV de Manarola.

Ver Punta Bonfiglio

MIRADOR

PLANO: 7 P. 112 A2

El mirador más popular de Manarola, **Punta Bonfiglio,** ocupa un rocoso promontorio que se adentra en el Mediterráneo. Las encantadoras vistas del pueblo son de las más emblemáticas de Cinque Terre. Un sendero rodea las estribaciones inferiores y termina en el lado occidental con una barandilla que protege de la fuerte caída. Desde aquí, todavía es visible el antiguo Sentiero Azzurro a Corniglia grabado en la ladera. Esta parte del sendero se cerró por los desprendimientos de 2013. Por ahora no hay planes de reapertura. Hay una ruta alternativa a Corniglia más elevada, que va hacia el oeste desde Volastra.

En lo alto del peñasco, magníficamente ajardinado, hay un área

EL BELÉN

Cada año desde principios de diciembre hasta mediados de enero, la diminuta Manarola es la insólita sede del mayor *Presepe* (belén) iluminado del mundo. Dispuesto entre los viñedos sobre el pueblo, ocupa 4000 m^2 y utiliza 12 km de cable para iluminar unas 300 figuras. El proyecto fue concebido y gradualmente puesto en marcha por el antiguo ferroviario Mario Andreoli, que empezó en 1961, y en los últimos años ha incorporado materiales reciclados y energía solar al conjunto. La iluminación es visible desde el mar, o más de cerca desde la plaza principal de Manarola, Piazzale Papa Innocenzo IV.

VINOS LOCALES

Cinque Terre es una región con DOC legalmente protegida que produce unos vinos blancos frescos e intensos de las uvas cultivadas en las abruptas terrazas en torno a los cinco pueblos, especialmente Manarola. La variedad más famosa es la *sciacchetrà*, elaborada con una mezcla de uvas bosco, albarola y vermentino que se secan tras la vendimia durante dos meses antes del prensado y fermentación. El resultado es un vino dulce *passito*, famoso como vino de postre pero que también marida bien con queso. Es costoso, por lo que los lugareños suelen reservarlo para ocasiones especiales.

de descanso, un parque infantil y el mejor bar de aperitivos de Cinque Terre, Nessun Dorma (p. 117), justo debajo. Allí cerca reposan las ruinas de una antigua capilla antes usada como refugio por los granjeros.

Disfrutar de un crucero al atardecer

CIRCUITO EN BARCO

PLANO: 8 P. 112 **C2**

Con un lado mirando al Mediterráneo y el otro agazapado a tierra, los pueblos de Cinque Terre también deben admirarse desde el mar. En Manarola tiene su sede **Arbaspàa** *(arbaspaa.com)*, probablemente la mejor agencia de viajes de Cinque Terre.

Entre la multitud de actividades que ofrecen, hay varios cruceros únicos, además de catas de vinos en un viñedo local, excursiones en barco o en kayak, circuitos fotográficos, senderismo y mucho más, todo con personal multilingüe.

Los cruceros, con salidas diarias al atardecer de abril a octubre desde el puerto de Manarola, exploran grutas, ensenadas y acantilados entre Riomaggiore y Monterosso.

Ofrecen vino a bordo. Si se embarca en un circuito de tarde, cabe la posibilidad de hacer buceo con tubo en el parque marino (si el clima lo permite).

También alquilan apartamentos en todos los pueblos de Cinque Terre y tienen **Explora** (p. 117), una tienda y centro de actividades al aire libre en Via Discovolo. La agencia tiene un fuerte compromiso con la sostenibilidad y sus fundadores participaron en la creación de la Fondazione Manarola no lucrativa, que ayuda a reconstruir los muros de piedra seca del pueblo.

SUGERENCIAS

Lo mejor para...

€ Económico €€ Medio €€€ Alto

Localizaciones en el plano de la **p. 112**

Comer

Marisco

Trattoria dal Billy €€
9 C3
Oculta en una estrecha calleja en la parte alta de Manarola, elabora algunos de los mejores platos de Cinque Terre. Preparan pescado a la parrilla, asado, frito o crudo. En días despejados, una mesa en la terraza es ideal para admirar las vistas. Es esencial reservar. *12.00-15.00 y 18.00-22.00 vi-mi*

Da Aristide €€
10 C2
Tiene mesas dentro de una antigua casa de pueblo y bancos en una luminosa y moderna terraza entoldada donde degustar generosas bandejas de anchoas rellenas o pulpo asado con limón para compartir. *12.00-15.00 y 19.00-22.00*

Il Porticciolo €€
11 B2
El "pequeño puerto" está a un tiro de piedra del puerto de Manarola y sirve frutos del mar en un agradable invernadero a pie de calle. Se recomienda probar el pulpo o las *vongole* (almejas). *12.00-15.00 y 18.30-21.00 ju-ma*

Trattoria La Scogliera €€
12 B3
Muy turístico, tiene un agradable interior de piedra y una luminosa marquesina acristalada delante. Se especializa en marisco, además de pasta al pesto y *pizza*. *11.00-23.00 sa-ju*

Locanda Tiabuscion €€€
13 E1
Una sorpresa *gourmet* lejos de la muchedumbre en la aldea de Volastra, sobre Manarola, merece la pena el abrupto ascenso por las escaleras para disfrutar de la espectacular experiencia de comer gambas, almejas y una formidable fuente de *antipasti* en la terraza. *10.30-22.30 ma-do*

Tentempiés

Cappun Magru €
14 D1
Café diminuto junto a la iglesia ideal para un bocadillo tras una excursión; el *panini* de marisco es excelente, así como las exquisitas tartas. *9.30-18.00 ma-do*

Nessun Dorma – Oficina 231 €
15 C2
Una sucursal del imperio de las clases de pesto y copas al atardecer de Manarola, es como una minifábrica de *panini* donde el comensal crea su propio bocadillo con ingredientes locales. *9.30-19.30*

Bar-Gelateria Enrica €
16 B3
Animado y económico, ofrece helados, *pizzas*, *panini* y otros tentempiés ligeros en un práctico rincón junto al puerto. No es una trampa para turistas. *8.15-20.30 mi-lu*

Takeaway Pasta €

17 C1

Lo más cercano a la comida rápida de Cinque Terre es este fabuloso puesto de comida para llevar con grandes tarrinas de pasta casera, como *trofie*, raviolis *pansotti* y ñoquis. El tiramisú también es memorable. A pesar del nombre, tiene algunas mesas al aire libre. *11.00-20.00*

Helados

Gelateria 5 Terre

18 C2

La contribución de Manarola al helado de Cinque Terre anuncia todos sus sabores y cucuruchos sin gluten y sin lactosa, además de opciones veganas. También sirve creps, sorbetes y *granite*. *11.00-18.00*

Beber

Vino y copas al atardecer

Nessun Dorma

véase 1 A2

En un promontorio acariciado por las olas sobre Manarola, esta arbolada terraza es un lugar mágico para una copa al atardecer acompañada de celestiales *bruschette*. Hay que reservar mesa a través de la *app* para tener sitio en la cola. *15.30-21.00 mi-lu*

A Piè de Campu

19 E2

Sirve excelentes vinos y magníficas *focacce* en una terraza arbolada en la parte alta del pueblo. De día, se pueden explorar los vinos únicos de Cinque Terre en las salas de catas de la planta baja. También ofrece clases de *focaccia* con un maestro panadero. *19.00-22.00 ma-do*

Cantina Capellini

20 E1

Imprescindible cata de vino recién traído de la viña en este agradable local junto a Volastra. Sentado en la terraza emparrada, con las vides a mano y vistas de Manarola y Corniglia, se pueden degustar los mejores caldos de Cinque Terre. *11.00-19.00*

Tabernas locales

La Cantina dello Zio Bramante

21 B3

Bajo el nivel de calle, este agradable bar es el mejor lugar para disfrutar de una fiesta nocturna. Hay música en vivo los fines de semana, buenos vinos locales y *bruschette*, bocadillos y otros aperitivos sencillos. *12.00-24.00 vi-mi*

Comprar

Arte y artesanía

L'Emporio

22 C2

Esta colorida tienda vende obras de artistas y artesanos locales: pinturas de la vida marina y del faro realizadas en piezas de viejos barcos de pesca, joyas de temática marítima y diminutas maquetas de barcos de madera. *9.30-20.30*

Deporte y actividades al aire libre

Cinque Terre Trekking

23 C1

Quienes deseen hacer senderismo pero no estén equipados, en esta tienda encontrarán todo lo necesario. *11.00-13.00 y 14.00-19.00 mi-lu*

Explora

24 C2

Pequeña tienda que atesora material básico para las aventuras al aire libre, así como mapas de senderismo y libros sobre Cinque Terre. Es la sede de la agencia Arbaspàa. *9.00-13.00 y 14.00-19.00*

Sugerencias de lugares para comer, beber y comprar en **p. 125**

Explora Riomaggiore

Si Cinque Terre tuviera una sede, probablemente sería Riomaggiore, el pueblo más cercano a La Spezia en tren y el mayor en términos de población (unos 1500 hab.). Por su tamaño parece menos congestionado que Manarola y Vernazza, sobre todo fuera de la calle principal, Via Colombo.

Un par de pequeñas iglesias y un castillo en ruinas ocupan un promontorio sobre el mar. Los visitantes suelen quedarse por el puerto deportivo (se accede por un túnel) donde los barcos de pesca combaten la salinidad y los edificios de color pastel rezuman romanticismo al atardecer. Es el mejor sitio de Cinque Terre para alquilar un kayak o para una excursión de submarinismo o buceo con tubo. Un corto paseo al este lleva a la azotada playa Fossola, llena de guijarros.

Cómo desplazarse

A pie

Como los demás pueblos de Cinque Terre, es prácticamente peatonal y la única forma de moverse es a pie.

Ascensores

Hay dos que permiten sortear las calles empinadas, uno junto a la estación de trenes, el otro cerca de la Chiesa di San Giovanni Battista.

Autobús

Un servicio local conecta Riomaggiore con varias aldeas, como Volastra.

Riomaggiore.

LO MEJOR

UN PÍCNIC
Santuario della Madonna di Montenero (p. 123)

LUGAR PARA BAÑARSE
Spiaggia di Fossola (p. 123)

VIDA MARINA
Secca della Peschiera (p. 124)

PUESTO DE 'PIZZAS'
Pizzeria Kepris (p. 125)

SERVICIO DE BAR
Vertical Bar (p. 125)

CIRCUITO A PIE

Paseo por Riomaggiore

En esta ruta circular por el pueblo más grande de Cinque Terre, se puede disfrutar de fantásticas vistas al mar y visitar edificios icónicos, como una iglesia del s. XIV, así como algunos murales desvaídos que representan el duro trabajo de los agricultores de la región. El paseo termina en el popular pequeño puerto deportivo.

INICIO	FINAL	DURACIÓN
Estación de trenes	Puerto deportivo	3 km; 1½ h

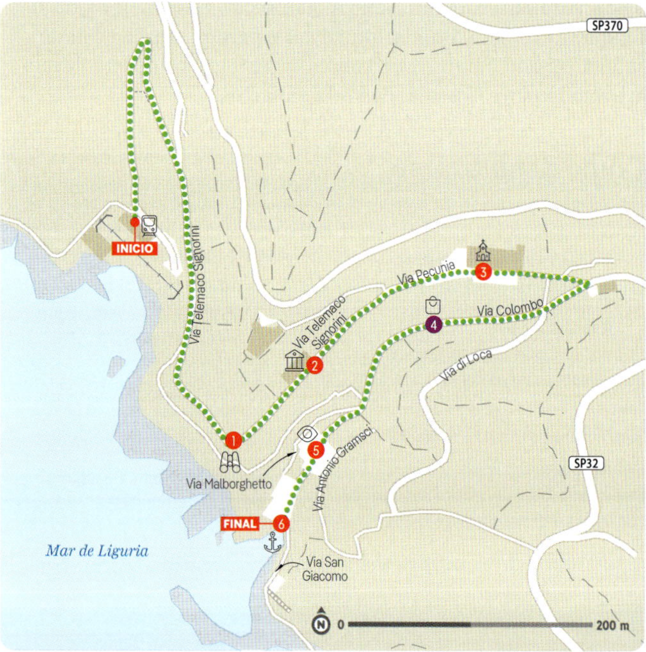

1 Vistas al pueblo

Desde la estación de trenes, hay que subir la colina (mejor que por el túnel) por las primeras escaleras a la derecha y seguir hasta un **mirador** con vistas al pueblo. Los residentes, en los bancos a la sombra de las palmeras, cotillean con el hechizante paisaje de fondo.

2 Murales del ayuntamiento

Siguiendo el camino que serpentea cuesta arriba, se pasa por unos murales con recolectores de uva y pescadores sobre una exuberante diosa del mar azul que adorna el **ayuntamiento.** Estas obras, un homenaje a dos de las industrias clave de esta población, son del artista italo-argentino Silvio Benedetto (nacido en 1938).

3 Iglesia elevada

El corazón de la vida espiritual del pueblo, la **Chiesa di San Giovanni Battista** ocupa una elevada posición estratégica sobre el pueblo. Del s. XIV, está dedicada al santo patrón local, San Juan Bautista, cuya festividad se celebra con fervor el 24 de junio. Tras admirar con calma las vistas frente a la iglesia, se toma una calle que se va estrechando y se gira a la derecha por Via Santuario frente a un pequeño oratorio.

4 Animada calle principal

Se empieza a ver más gente al bajar la ladera hasta el centro comercial de Riomaggiore, **Via Colombo** repleta de tiendas y cafés, con terrazas que ofrecen un excelente punto de observación para ver la gente pasar.

5 Cruzar la plaza

Se sigue por Via Colombo hasta el final y se suben las escaleras en uno de los dos lados, hasta la soleada **Piazza Vignaioli,** otro centro comunitario clave de Riomaggiore. Los niños corretean por la plaza bajo los altos edificios pastel que la rodean, intentando chutar balones de fútbol entre turistas inconscientes.

6 Acercarse al mar

Hay que volver a las escaleras y bajar otro tramo hasta el mar. El diminuto **puerto deportivo** ribereño tiene un par de restaurantes y suele llenarse de embarcaciones. Si hace mal tiempo, los residentes sacan sus barcas del agua y las dejan sobre la pendiente de hormigón.

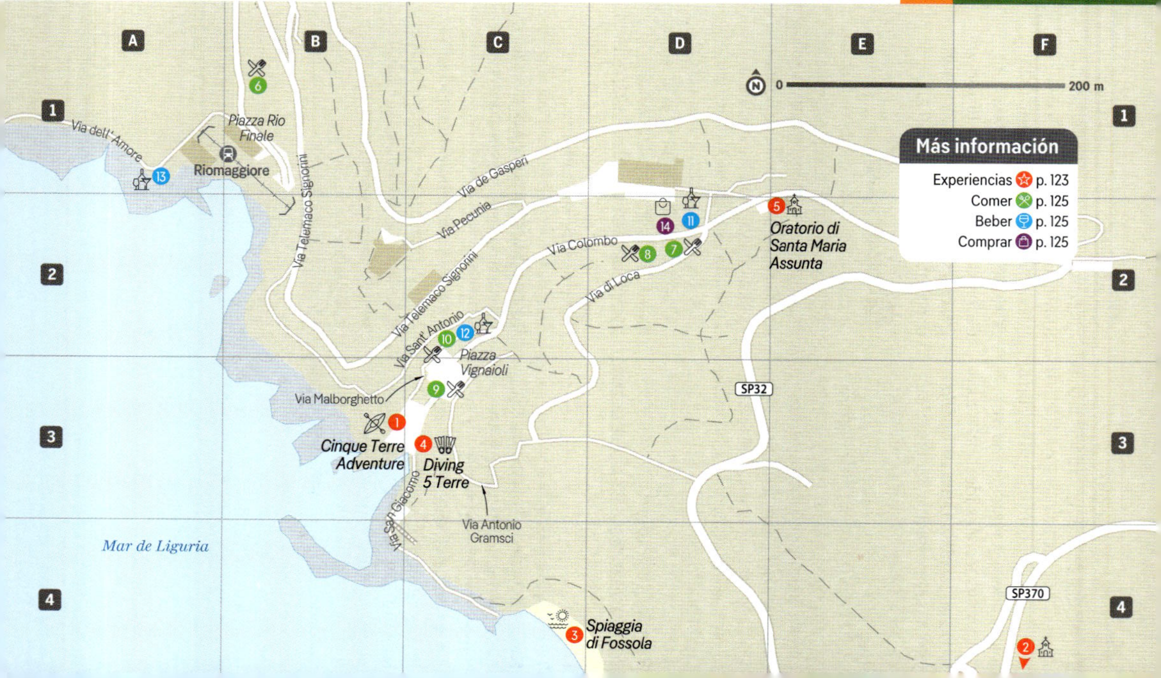
A
B
C
D
E
F
1
2
3
4
0
200 m
Más información
Experiencias p. 123
Comer p. 125
Beber p. 125
Comprar p. 125
Via dell' Amore
Piazza Rio Finale
Riomaggiore
Via Telemaco Signorini
Via de Gasperi
Via Pecunia
Via Colombo
Via di Loca
Oratorio di Santa Maria Assunta
Via Sant' Antonio
Piazza Vignaioli
Via Malborghetto
Cinque Terre Adventure
Diving 5 Terre
Via San Giacomo
Via Antonio Gramsci
SP32
SP370
Mar de Liguria
Spiaggia di Fossola

EXPERIENCIAS

Kayak por la costa
KAYAK

PLANO: 1 P. 122 **B3**

Repleta de grutas y playas, algunas solo accesibles en barco, la costa de Cinque Terre es ideal para recorrerla en kayak y tabla de *paddle surf*. Con buena mar, es posible visitar los cinco pueblos en un día e incluso saltar desde algún acantilado supervisado. Riomaggiore es el mejor punto de salida y cuenta con un buen puesto de alquiler, **Cinque Terre Adventure** *(cinqueterreadventure.com; alquiler desde 10 €/h)*, en el puerto deportivo, que también ofrece circuitos guiados.

Seguir el circuito del santuario
IGLESIA Y SENDERISMO

PLANO: 2 P. 122 **F4**

De los cinco santuarios de Cinque Terre (uno en cada pueblo), el **Santuario della Madonna di Montenero** de Riomaggiore es el más espectacularmente situado. En un prado rodeado de pinos en lo alto de un abrupto promontorio sobre el Mediterráneo, el campanario de terracota y la fachada blanca con arcos son visibles desde muy lejos. Aunque aquí había una iglesia desde por lo menos 1335, la estructura actual mejorada data de los ss. XVIII y XIX. El interior con frescos rara vez está abierto, pero el atractivo entorno es ideal para un pícnic.

El santuario puede incorporarse en un paseo circular desde Riomaggiore, que empieza en el puerto deportivo por el sendero 593V y sube unas empinadas escaleras pasando por jardines amurallados hasta la carretera principal (SP370). Desde aquí, un empinado tramo final sube hasta el santuario, a 340 m de altura. El circuito se completa con el sendero 593, que baja más suavemente por una hondonada de nuevo a Riomaggiore.

Romántica playa Fossola
PLAYA

PLANO: 3 P. 122 **C4**

En una rocosa y abrupta ensenada, exquisitamente apartada, hay una pequeña playa de guijarros a menudo azotada por el fuerte oleaje. **Spiaggia di Fossola** es el polo

RUTAS MÁS LARGAS DESDE RIOMAGGIORE

Colle Telegrafo Esta estación de paso en el AV5T con un sugerente bar-restaurante que es un buen punto de retorno forma parte de un paseo circular de 9 km. Primero sube al santuario de Montenero y luego continúa por el sendero 593. • **Porto Venere** Desde Telegrafo, es posible seguir al este hasta Porto Venere (5 km) retrocediendo por el AV5T. Se puede regresar a Riomaggiore en autobús y tren. • **Sella La Croce** Duro ascenso de 2,4 km hasta un puerto del AV5T que pasa por viñedos y huertos y, más adelante, castaños y pinares. Está marcado como sendero 501 de categoría EE (para senderistas experimentados).

INFORMACIÓN SOBRE EL PARQUE NACIONAL

Riomaggiore y toda la zona de Cinque Terre forma parte del **Parco Nazionale delle Cinque Terre** *(parconazionale5terre.it)*. Las autoridades del parque mantienen los diversos senderos que rodean los cinco pueblos y protegen las aguas integradas en un área marina protegida. Su página web es útil para planificar la visita y hay puntos de información en todas las estaciones de trenes de Cinque Terre y en La Spezia. Venden la Cinque Terre Trekking Card en línea, en las oficinas de información y en los puestos de entrada al sendero SVA.

opuesto de la clásica playa de la Riviera: ni clubes de playa privados ni hileras perfectas, es un entorno prístino, en su día declarada la playa más romántica de Europa. Hay que vigilar con las fuertes corrientes.

Sumergirse en un parque marino — SUBMARINISMO

PLANO: 4 P. 122 **C3**

El Parco Nazionale delle Cinque Terre tiene una zona subacuática. Las aguas frente a la orilla forman parte de un parque marino con tres niveles de protección que aplica restricciones a lanchas motoras, pesca y baño. Se accede por Riomaggiore, donde se encuentra el único centro de submarinismo de la zona, **Diving 5 Terre** *(5terrediving.it)*, en el puerto. Hay varios puntos de inmersión en las cercanías, por lo menos uno de ellos accesible desde la orilla.

Secca della Peschiera está frente a Spiaggia di Fossola y las rocas que emergen del fondo atraen pulpos, cangrejos y anémonas. Diving 5 Terre ofrece inmersiones, cursos y alquileres.

Visitar el Oratorio di Santa Maria Assunta — IGLESIA

PLANO: 5 P. 122 **E2**

Construido por los Disciplinati, una hermandad cristiana del s. XVI, el **Oratorio di Santa Maria Assunta** es una sencilla iglesia de piedra con un campanario de color rojo óxido, un evocador desvío para los senderistas y buscadores de restaurantes que pasan por Via Colombo. Encierra un inusual tríptico de madera al temple del s. XIV, la *Madonna delle catene (Virgen de las cadenas)* que representa a la Virgen encadenada. Supuestamente, simboliza el secuestro y la esclavitud que sufrieron los habitantes por los asaltos de piratas bárbaros durante años. El artista es desconocido. Antaño, los hermanos se reunían aquí para recitar himnos y cantar a la Virgen.

Lo mejor para...

€ Económico €€ Medio €€€ Alto

Localizaciones en el plano de la **p. 122**

Comer

'Pizza' rápida

Pizzeria Kepris €
6 B1
Este local junto a la estación de Riomaggiore se ha convertido en el insólito Pavarotti de la *pizza* Cinque Terre. Cualquier cosa con pesto está buena. *12.00-14.30 y 18.00-21.30 ju-ma*

Veciu Muin €€
7 D2
Restaurante italiano en la calle principal de Riomaggiore con una selección de *pizzas*, pastas y platos principales servidos con rapidez y a buen precio. *11.30-23.30 lu-sa*

Especialistas en carne

La Cantina del Macellaio €€
8 D2
En una tierra de marisco como Cinque Terre, sirven ternera estofada digna de Turín y pasta con jabalí, además de hamburguesas, costillas y jamón curado. *19.00-23.00 lu-sa*

Clásicos de Liguria

Rio Bistrot €€
9 C3
Rincón romántico junto al puerto, uno de los mejores restaurantes de Riomaggiore, con marisco excelente, servicio atento y entorno elegante. *12.30-15.00 y 19.00-22.30 ma-do*

La Lampara €€€
10 C2
Exquisitos platos locales (predomina el pescado) o simplemente *pizza* y pesto. Recomendable el menú degustación de cuatro platos. *12.00-14.30 y 19.00-23.00 mi-lu*

Beber

Bares para todos los gustos

Vertical Bar
11 D2
Con mesas exteriores en la calle principal de Riomaggiore, es ideal para tomar café o cócteles. Ponen buena música, con un ambiente relajado. Buen sitio para observar a la gente. *11.00-23.30*

Bar O'Netto
12 C2
Centenaria institución local en Riomaggiore, sirven cerveza y vino con tentempiés y ambiente auténtico. *7.00-13.00*

A Pié de Mà
13 A1
Bonito local con terraza, ideal para reponer fuerzas por la tarde. Sirve cervezas artesanas locales, café, postres y una buena selección de vinos de Cinque Terre. *11.00-22.00 mi-lu*

Comprar

Comida y bebida

Enoteca d'uu Scintu
14 D2
El mejor lugar para comprar pesto genovés, aceite de oliva virgen extra, jabón de limón, hermosas botellas de *limoncino*, grapa y vinos, además de galletas de *amaretto*. *9.00-22.00*

Sugerencias de lugares para comer, beber y comprar en **p. 139**

Explora La Spezia y golfo de los Poetas

El esplendor costero se despliega más allá de Cinque Terre, por la Riviera di Levante, pero sin las incesantes multitudes. Al este, La Spezia era otro pueblo pesquero del mismo estilo hasta 1857, cuando la marina italiana se instaló en la bahía y lo convirtió en una gran base naval. Esta moderna población está flanqueada por un puñado de bonitos pueblos costeros –San Terenzo, Lerici y Tellaro– que bordean la costa este del Golfo della Spezia, más románticamente conocido como Golfo dei Poeti, en referencia a poetas como lord Byron, Percy y Mary Shelley y D. H. Lawrence, que lo visitaban con frecuencia. En el lado occidental, Porto Venere, con abruptos acantilados al fondo, se conoce también como el sexto miembro honorífico de Cinque Terre.

Cómo desplazarse

Tren

La Spezia Centrale es un importante nudo ferroviario con trenes regionales y servicios directos rápidos a otras partes de Liguria e Italia. Levanto está en la línea principal este-oeste con conexiones rápidas a Cinque Terre y Génova.

Autobús

Para ir a los pueblos del Golfo dei Poeti, hay que cambiar de autobús en La Spezia: el 11 o el P a Porto Venere, y el L o S a Lerici y San Terenzo.

Puerto, La Spezia.
KAVALENKAVA/SHUTTERSTOCK ©

LO MEJOR

CASTILLO
Castello Doria (p. 131)

COMIDA CALLEJERA
Anciua (p. 140)

LUGAR PARA LA MEDITACIÓN POÉTICA
Grotta di Byron (p. 132)

PASEO VESPERTINO
Passeggiata Morin (p. 129)

BAR BOHEMIO
Resilience Cafe (p. 141)

CIRCUITO A PIE

Paseo por La Spezia

Esta incansable población portuaria suele pasarse por alto. La mayor parte de los turistas que se dirigen a Cinque Terre cambian de tren para ir a Riomaggiore y Manarola sin ni siquiera salir de la estación. Sin embargo, rezuma un cálido ambiente de Liguria para los que prefieren ver Italia sin adornos. Solo hay que salir de la estación hacia la izquierda y empezar a caminar.

INICIO	FINAL	DURACIÓN
Estación de trenes La Spezia Centrale	Porto Mirabello	2½ km; 3 h

1 Calle vibrante

Desde la rotonda frente a la estación, Via Fiume vira al sureste y confluye en una ancha calle peatonal, **Via del Prione,** que dibuja una curva hacia el centro histórico. Es una de las más antiguas y está llena de tiendas, cafés, restaurantes y varios museos (además de la oficina de turismo).

2 Museo de Bellas Artes

A medio camino de Via del Prione, el **Museo Amedeo Lia,** ubicado en un monasterio del s. XVII restaurado, es el principal punto de interés cultural. Exhibe una colección de los ss. XIII a XVIII, con pinturas de maestros como Tintoretto, Montagna, Tiziano y Pietro Lorenzetti, además de bronces romanos y tesoros eclesiásticos, como crucifijos de Limoges y manuscritos musicales iluminados.

3 Bar bohemio

Hermoso local al estilo de la Riviera para tomar algo antes o después de cenar, el **Resilience Cafe** (p. 141) exhibe un estilo desenfadado, paredes color burdeos, librerías repletas, candelabros titilantes y muebles *vintage*. Se puede pedir una porción de tarta y un cóctel, o diseñar su propia *bruschetta* y tabla de quesos y carnes. Trovadores con talento tocan música acústica y tiene una arbolada terraza en la calle ideal para un romance de verano.

4 Jardines públicos

Los agradables **Giardini Pubblici** son una obra de arte, adornados con estatuas ecuestres, fuentes de mármol, cenadores y varias clases de árboles. Varios letreros explican su diseño e historia.

5 Recorrer el paseo

Para ver a los residentes en su hábitat natural, nada mejor que la amplia **Passeggiata Morin** de ladrillo con vistas al puerto deportivo, bordeada de palmeras y decorada con cuidados parterres de flores. Los paseos al atardecer se dirigen hacia el faro del Molo Italia.

6 Conexión portuaria

Inaugurado con gran pompa en 2013, el puente colgante peatonal **Ponte Thaon di Revel** conecta la ciudad con el puerto. La estructura de 160 m de largo recuerda vagamente un gran velero de dos mástiles y marca la entrada a la zona portuaria de La Spezia.

7 Donde llegan los barcos

Vale la pena cruzar al otro lado del Ponte Thaon di Revel para ver el extenso y moderno **Porto Mirabello** de La Spezia, con impresionantes yates y buenas vistas del pueblo, el mar y las montañas en el horizonte. Es espectacular al atardecer.

LA SPEZIA
A
B
C
D
E
F
1
2
3
4
La Spezia Centrale
Piazza Saint Bon
Piazza Garibaldi
Colle di La Spezia
Castello di San Giorgio
Via XXVII Marzo
Piazza Europa
Largo Fiorillo
Piazza di Giuseppe Verdi
Parco S Allende
Giardini Pubblici
Piazza Cesare Battisti
Piazza Domenico Chiodo
Museo Tecnico Navale della Spezia
Canale Lagora
Puerto naval
Base naval
Via Filippo Corridoni
Via Venezia
Via Antonio Gramsci
Via Milano
Via Napoli
Via Roma
Via Nino Bixio
Corso Cavour
Viale Garibaldi
Viale Amendola
Via del Prione
Via XX Settembre
Via Gramsci
Via Colombo
Via Fieschi
Via Fratelli Rosselli
Via Urbano Rattazzi
Via Sapri
Via Felice Cavallotti
Via Fazio
Via Domenico Chiodo
Via Giovanni Minzoni
Viale Giuseppe Mazzini
Viale Italia
Passeggiata Constantino Morin
Viale Armando Diaz
Via Francesco Crispi
Via Vittorio Veneto
Via XXIV Maggio
Via Carlo
0
200 m
2
3
11
12
13
14
16
21
22
23
24
25
26
27
28
30
31
32
Más información
Imprescindible p. 131
Experiencias p. 133
Comer p. 139
Beber p. 141
Comprar p. 141

★ IMPRESCINDIBLE

Porto Venere

Sus descoloridas casas de siete pisos constituyen una ciudadela inexpugnable en torno al Castello Doria, un imponente fuerte encumbrado en la ladera. Situado en la punta occidental del Golfo dei Poeti, el infatigable ambiente de pueblo pesquero fue de gran inspiración para el poeta británico lord Byron.

Castello Doria

PLANO: P. 135

Con sus muros de piedra gris tan imponentes como los acantilados sobre los que se sostiene, este **castillo** es un formidable ejemplo de la arquitectura militar genovesa. Del s. XII, con una sección superior añadida en la década de 1450, en su día fue una ciudadela estratégica, y estuvo al frente con Génova en la contienda marítima con Pisa. Merece la pena visitar el interior por sus hermosos detalles de construcción y las magníficas vistas desde los jardines aterrazados, aunque los paneles informativos escasean y hay pocas exposiciones.

El castillo conecta con las antiguas murallas, que conservan una puerta medieval que protege la entrada a los *caruggi* (calles estrechas) de Porto Venere.

CONSEJO
No hay tren a Porto Venere. Hay que tomar el autobús 11 o P frente a La Spezia Centrale.

Chiesa di San Pietro

Construida en estilo gótico, esta **iglesia** azotada por las olas se erige sobre las ruinas de una iglesia paleocristiana cuyo suelo todavía es parcialmente visible. Sobre un promontorio con la característica fachada medieval de rayas italiana, parece directamente tallada en la roca. Antes de su cristianización, era un templo romano dedicado a la diosa Venus, nacida de la espuma del mar, de ahí el nombre de Porto Venere.

Escanea este código QR para más información sobre el pueblo.

BENNY MARTY/SHUTTERSTOCK ©

El interior de rayas es hermoso por su simplicidad. En el exterior, una pequeña terraza con arcos románicos enmarca unas vistas fabulosas de los vertiginosos acantilados de Cinque Terre.

Es buena idea coger un *panini* relleno de anchoas o un pastel de espinacas para un pícnic en Anciua (p. 140), oculto en una callejuela detrás del puerto.

Grotta di Byron

Al final del muelle de Porto Venere, se despliega una panorámica de Cinque Terre desde las terrazas rocosas de una cueva antiguamente conocida como **Grotta Arpaia** (foto). El poeta británico lord Byron solía venir aquí a meditar; acuciado por sus asuntos, deudas y escándalos públicos, tenía mucho que pensar. Una placa recuerda que una vez cruzó el golfo a nado hasta San Terenzo para visitar a los Shelley (una maratón de 7 km). A pesar del derrumbe de la cueva, las maltrechas terrazas de roca siguen siendo hermosas. Se puede escalar por lo que queda. Unos escalones y una barandilla ofrecen un poco de apoyo.

Excursión a las islas del golfo

ISLAS

PLANO: 1 P. 135 **B3**

Tres islas forman un pequeño archipiélago que se adentra en el Mediterráneo al sur de Porto Venere. La más grande, **Palmaria,** cuenta unos 50 residentes y es accesible en ferri desde Porto Venere. Rodeada de imponentes acantilados, calas protegidas y playas rocosas, se puede visitar como parte de una excursión de un día. Hay varios fuertes y baterías y está cubierta con la típica vegetación de bosques y matorrales mediterráneos. Un sendero que rodea toda la isla, de unas 2 h, está bien señalizado. Hay un bar-restaurante donde se puede descansar con una copa de vino al terminar.

Las dos islas más pequeñas son Tino, con un faro y un monasterio en ruinas, y la diminuta Tinetto, que conserva los restos de un oratorio del s. V. Las dos están mantenidas por la marina italiana cerradas al público.

Ascensor al castillo de La Spezia

CASTILLO Y MUSEO

PLANO: 2 P. 130 **D2**

El **Castello di San Giorgio** *(museodelcastello.museilaspezia.it; adultos/niños 6/4,50 €)* del s. XIV es uno de los fuertes más admirablemente intactos de la costa de Liguria. Situado en lo alto de una pequeña colina, sus elevadas almenas ofrecen fantásticas vistas a los Alpes Apuanos al norte de la Toscana, famosos por el mármol de Carrara (las mellas de las canteras son claramente visibles). El castillo también alberga un exhaustivo museo arqueológico lleno de estatuas de hermosa factura, exquisitos mosaicos, cerámica y joyería y hasta objetos de vidrio sorprendentemente intactos.

Si no se quiere hacer el esfuerzo de subir a pie, hay dos ascensores, uno en Via Indipendenza, sobre Via del Prione, y otro en Via XX Settembre.

¡REMA QUE REMA!

Si resulta que el viajero se encuentra en La Spezia a principios de agosto, puede asegurarse un sitio en el *lungomare* (paseo marítimo) el primer domingo del mes para animar a los barcos que reman durante el **Palio del Golfo,** una competición de remo entre 13 *borgate* (barrios) de La Spezia y delegaciones de los pueblos y aldeas circundantes. El calendario durante el Palio está lleno de eventos, como un desfile nocturno de todos los *borgate* que se reúnen para prepararse para la carrera, un espectáculo de fuegos artificiales cuando termina el Palio y una celebración de la victoria al día siguiente.

ESCAPADAS A LAS COLINAS

Las playas de Lerici y San Terenzo son muy tentadoras, pero pueden saturarse en verano. Para huir de la muchedumbre, hay que mirar hacia las colinas. Una red de senderos recorre todo el interior, ofreciendo fabulosas vistas sobre la costa y una forma interesante de conectar pueblos como Lerici y Tellaro sin tener que coger el coche. Y, a diferencia de los senderos de Cinque Terre, aquí no hay grandes multitudes y se disfruta de la naturaleza. Es recomendable coger un mapa en la oficina de turismo antes de partir, o consultar la red de senderos en *lericicoast.it*.

Rastrear la historia del arsenal naval de La Spezia — MUSEO

PLANO: 3 P. 130 **D4**

¡Qué sorpresa! La Spezia tiene el **Museo Tecnico Navale della Spezia** *(adultos/niños 5/3 €)*, el museo naval más antiguo del mundo, accesible por un estrecho puente unas manzanas al suroeste de Parco Salvador Allende.

Las salas interconectadas en el interior de esta robusta base naval, todavía en activo, encierran todo tipo de curiosidades náuticas, como pequeñas maquetas de veleros de todo el mundo, extrañísimos trajes de buceo y una zona especial dedicada al invento de la radio de Guglielmo Marconi. Arriba, la Sala delle Polene desprende una belleza inquietante, con 24 mascarones de proa que en su día adornaban grandes naves. El más antiguo, una Minerva con espada y escudo, data de 1738.

Otras curiosidades incluyen *barchini esplosivi* de la II Guerra Mundial, unos barcos tipo torpedo dirigidos a buques enemigos tripulados por uno o dos marineros probablemente condenados a morir durante el ataque.

Más que arena en la Spiaggia di San Terenzo — PLAYA

Uno de los múltiples hermosos tramos del litoral de la zona, **Spiaggia di San Terenzo** (PLANO: 4 P. 135 **D1**) es una playa de arena con áreas gratuitas y zonas de alquiler de tumbonas y sombrillas. Un largo rompeolas de 100 m garantiza unas aguas especialmente calmas. Como en todas partes, se llena mucho en verano, así que conviene ir temprano para encontrar un buen sitio.

Justo detrás de la playa están los arcos encalados de Villa Magni, antigua residencia de los escritores y poetas británicos Percy y Mary Shelley (ella es la autora de la novela *Frankenstein*, de 1818). Ya no está abierta al público, pero una placa en la pared da fe de sus antiguos ocupantes célebres.

Quien se aburra de la playa, puede explorar el **Castello di San Terenzo** (PLANO: 5 P. 135 **D1**; *lerici coast.it; adultos/reducida 3/2 €)* en el extremo occidental. Del s. XIV,

PORTO VENERE Y GOLFO DE LOS POETAS

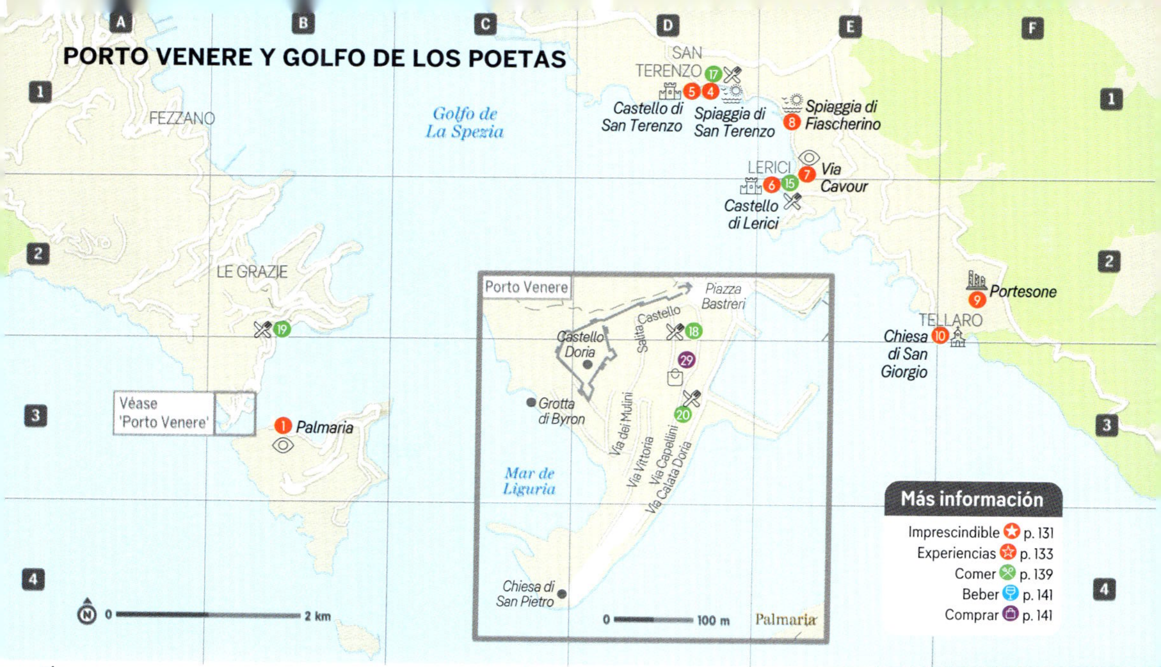

Más información

- Imprescindible p. 131
- Experiencias p. 133
- Comer p. 139
- Beber p. 141
- Comprar p. 141

esta fortaleza formaba parte del poderoso sistema de defensa costero de La Spezia. Poco interesante para los visitantes contemporáneos, excepto las fantásticas vistas.

Visitar salas del castillo de Lerici

CASTILLO

PLANO: 6 P. 135 **E2**

Sobre un promontorio en la costa, el **Castello di Lerici** *(lericicoast.it; adultos/reducida 6/3 €)* ha desempeñado un papel fundamental en la protección de la localidad desde la Edad Media. Reconstruida varias veces, la ciudadela albergó un museo arqueológico entre 1998 y 2015. Entre sus distintas estancias de muros de piedra, hay una sala abovedada, una capilla medieval y las antiguas cocinas. Además, ofrece fabulosas vistas desde sus altas terrazas. Se puede descargar un itinerario autoguiado en el sitio web.

La forma más sencilla de subir es en ascensor, oculto dentro de un túnel que sale del puerto de Lerici (Via Giuseppe Mazzini). Otra opción son las escaleras desde cerca de Piazza Garibaldi.

Explorar el corazón de Lerici

CALLE

PLANO: 7 P. 135 **E1**

Desde Piazza Garibaldi, la evocadora calle peatonal **Via Cavour** cuenta con coloridas tiendas, una *focacceria* y una tienda de vinos

Castello di Lerici.
SIMONA SIRIO/SHUTTERSTOCK ©

y varios restaurantes de marisco. En el extremo oeste de la calle, la fachada amarillo azufre del Oratorio di San Rocco ofrece vistas a la Piazza Giuseppe Garibaldi rodeada de palmeras. La capilla original data de 1287, pero se dedicó de nuevo a san Rocco durante una plaga del s. XVI cuando se añadió un campanario.

Recostarse en una playa para poetas

PLAYA

PLANO: 8 P. 135 **E1**

Cerca de 1 km al norte de Tellaro, la **Spiaggia di Fiascherino** no es una playa, sino dos bonitos tramos de costa arenosa separados por un pequeño promontorio. Se encuentran en una bahía arqueada, con tramos gratis y zonas de alquiler de tumbonas y sombrillas. También alquilan kayaks para explorar las arboladas calas cercanas. Era la playa favorita de D. H. Lawrence y unos fragmentos de su prosa descriptiva adornan la escalera de entrada. Se llega fácilmente en autobús desde Tellaro o Lerici, con servicio cada 30-60 min.

Escabullirse a las ruinas de Portesone

RUINAS

PLANO: 9 P. 135 **F2**

Fuera de la ruta turística, sobre Tellaro se asientan las ruinas de **Portesone,** un antiguo pueblo abandonado en el s. XVII, supuestamente por una epidemia de peste. Un gran misterio se cierne sobre los edificios de piedra en ruinas, lentamente invadidos por el bosque, con olivos, higueras y amapolas que crecen en sus interiores sin techo.

Se encuentra unos 15 min cuesta arriba desde Tellaro. Hay que tomar el sendero 431 desde la carretera principal (Via Fiascherino/SP26), al norte de la gran iglesia Stella Maris. Una vez allí, se puede seguir al norte hasta Barbazzano –otro pueblo abandonado– por el sendero 433.

BYRON EN LA BAHÍA

George Gordon Byron era atleta además de poeta. Afectado de pie zambo desde el nacimiento, se dedicó a nadar en aguas abiertas para conectar con la naturaleza y mantenerse en forma. Como muchas de las cosas que hizo, lo practicó en exceso y, en 1810, fue la primera persona que cruzó a nado los 4½ km entre Europa y Asia por el estrecho de Dardanelos. En 1822, fue aún más lejos y decidió cruzar los 7 km del golfo de La Spezia de Porto Venere a San Terenzo para visitar a sus amigos, los Shelley. Realmente impresionados, los italianos rebautizaron la bahía en su honor.

Chiesa di San Giorgio, Tellaro.
ALBERTO MASNOVO/SHUTTERSTOCK ©

Visitar el tranquilo Tellaro PUEBLO

PLANO: 10 P. 135 F2

Con las laderas cubiertas de olivos y robles al fondo, las desteñidas casas rosadas y anaranjadas de Tellaro dan a varias bahías pequeñas en un tramo de costa de la Riviera de belleza abrupta, 2,5 km al sureste de Lerici.

Unas pocas calles estrechas serpentean por este compacto pueblo, pasando por plazas ocultas y espectaculares miradores antes de llegar a su rocosa orilla donde se alza la **Chiesa di San Giorgio** del s. XVI, encaramada en un espolón.

En la plaza junto al mar, cerca de la iglesia, el visitante puede imaginarse un pulpo tañendo las campanas como, según cuenta la leyenda, lo hizo para advertir de un ataque sarraceno. Un festival del pulpo el segundo domingo de agosto reproduce el mito. Un bar decente, La Marina (p. 141), sirve bebidas y *focaccia,* y ofrece vistas a la iglesia y a los nadadores "byronianos" en el puerto.

Tellaro merece una tranquila visita de tarde con un paseo adicional de 90 min por el **Sentiero delle Parole** (Sendero de las palabras) desde Lerici, siguiendo los senderos n° 533 y 531. También es posible caminar por la carretera (SP26).

Lo mejor para...

€ Económico €€ Medio €€€ Alto

Localizaciones en los planos de las pp. 130 y 135

Comer

Restaurantes tradicionales

Osteria all'Inferno dal 1905 €€

Plano p. 130 11 C3

Osteria subterránea en activo desde 1905, va por la quinta generación de fans de sus generosas raciones de bacalao estofado, anchoas fritas, jabalí con polenta y otros reconfortantes platos de Liguria. *12.15-14.30 y 19.30-22.00 lu-sa*

Osteria Giobatta €€

Plano p. 130 12 D3

Elegante restaurante en el centro de La Spezia, adornado con guirnaldas en las ventanas. Cumple con su promesa inicial con un servicio rápido y cortés y una selección de platos típicos de Liguria bien preparados que iluminan el menú, como el conejo y el besugo. *9.00-23.00*

Trattoria Bellavista €€

Plano p. 130 13 C3

Un poco más moderna y lujosa que una *trattoria* común, anuncia con orgullo su pulpo asado, *magret* de pato con frutos del bosque y tartar de ternera kobe, que se puede degustar bajo una extravagante lámpara en forma de árbol. *12.00-15.00 y 19.30-23.30 ma-sa*

Especialidades de pescado

Dai Pescatori €

Plano p. 130 14 E4

En el puerto de La Spezia, esta cafetería autoservicio es una institución local venerada por sus abundantes bandejas de ensalada de pulpo, mejillones al vapor y pescado asado al gusto. Hay que hacer cola para conseguir mesa. *12.00-15.00 y 19.00-22.00 ma-do*

Ristorante Glam €€

Plano p. 135 15 E2

Muy italiano y glamuroso, el pescado domina en el proceder de esta institución de Lerici, ¡incluso el *cacio e pepe* se sirve con salsa de bogavante! Otras inspiraciones incluyen ragú de mejillones, tacos de atún y "albóndigas" de bacalao. *12.30-14.30 y 19.30-23.00 vi-do y ma, 19.30-23.00 mi y ju*

Vicolo Intherno €€

Plano p. 130 16 C3

Bullicioso restaurante afiliado a Slow Food con robustas mesas de madera bajo un techo de vigas donde maridan la *torte di verdure* (tarta de verduras de Liguria), el pescado seco y el rosbif con los mejores vinos añejos locales. *12.00-15.00 y 19.00-22.00 ma-sa*

Essentiae €€

Plano p. 135 véase 10 F2

Relativamente nuevo en el casco antiguo de Tellaro, ocupa un agradable rincón junto al puerto y, ¡menuda sorpresa!, ensalza los frutos del mar, como una curiosa mezcla de bacalao al vapor, trufa negra y avellana. *9.00-23.45 mi-lu*

Ristorante Franceschini €€€

Plano p. 135 17 D1

Exquisita presentación de marisco fresco por un chef joven y dinámico que da a los comensales un buen motivo para quedarse en San Terenzo cuando hace demasiado calor en la playa. Para darse un homenaje, hay que probar el menú degustación de ocho platos. *12.00-15.00 y 19.00-23.30*

Comida callejera

Anciua €

Plano p. 135 18 D2

Comida callejera de Liguria preparada con amor en una calleja de Porto Venere, ideal para comprar un *panini* relleno de anchoas o de bacalao y pasta de aceitunas, o una tarta salada de espinacas (alias torta) entera y hacer un pícnic. *11.00-19.00*

L'Oasi Focacceria €

Plano p. 135 19 B2

Porto Venere se presta para hacer un pícnic en el puerto y este local ofrece mucho más de lo que su nombre sugiere (aunque la *focaccia* es excelente). También ofrecen tartas de verduras, carnes, quesos y fruta. *7.30-19.00*

Cafés fuera del circuito turístico

Bar-Gelateria Dora €

Plano p. 135 20 D3

Bar "para estar de pie en la barra" de Porto Venere ideal para un café y una pasta antes de emprender el AV5T. Está en el puerto, con la brisa marina en la puerta. *8.00-2.00 ma-do*

Caffè Cavour €

Plano p. 130 21 C3

Para una *colazione* (desayuno) temprana en La Spezia, este concurrido café en la zona no turística junto al mercado está lleno de residentes. Si gusta el ambiente, se puede regresar más tarde para un aperitivo. *6.00-22.00 lu-sa*

'Pizza' perfecta

La Pia Centenaria €

Plano p. 130 22 D3

Fundado en 1887, es un apreciado símbolo de La Spezia. Su gran éxito son las rebanadas calientes de *farinata* (pan plano de harina de garbanzos), aunque también tiene excelentes porciones de *pizza, focaccia* y *torta* de verduras tipo quiche. *11.00-22.00 lu-sa*

Pizzeria Masaniello €€

Plano p. 130 23 C1

Se puede degustar una *pizza* de costra gruesa que parece traída de Nápoles en la soleada terraza acristalada de esta pizzería en Via Fume de La Spezia. ¡No hace falta nada más! *11.00-23.00*

Helados

Gelateria La Dolce Vita €

Plano p. 130 24 D3

Quien tenga antojo de helado en La Spezia, tiene que ir a este local bajo los soportales frente a los jardines públicos, donde es habitual pasear y observar a la gente lamiendo un gran helado. *11.00-23.00*

Gelateria Arcobaleno Lerici €

Plano p. 135 véase 7 E1

El enorme cucurucho de helado de la Piazza Giuseppe Garibaldi de Lerici anuncia este estrecho puesto de helados, con una docena de cautivadores sabores que alegrarán el paseo. *12.00-0.30*

Beber

Bares, cafés y tabernas

Odioilvino

Plano p. 130 25 D3

Oscuro bar de vinos bohemio y desenfadado, en una bonita calle del centro peatonal, ideal para relajarse entre residentes con un vino de Liguria o una cerveza artesanal. *11.30-15.00 y 17.30-23.00 lu-sa*

Resilience Cafe

Plano p. 130 26 E3

Café-bar que parece sacado de Génova o del Barrio Latino de París, combina un estilo desenfadado con deliciosos tentempiés para calmar el apetito antes de cenar. *18.00-24.00 lu-ju, hasta 1.00 vi y sa*

La Taverna del Metallo

Plano p. 130 27 C2

Este curioso garito junto a Via del Prione en La Spezia ofrece una reconfortante combinación de *heavy metal* y falso ambiente medieval que atrae a los jóvenes. *20.00-2.00*

Bar La Marina

Plano p. 135 véase 10 F2

Desde la terraza de este bar sin pretensiones al final de la calle en Golfo dei Poeti, se puede contemplar el diminuto puerto deportivo de Tellaro y la iglesia rojo terracota de San Giorgio con una copa de Peroni, Aperol *spritz* o un café. *10.00-22.00*

La Spezia Brewing Company

Plano p. 130 28 A1

Fundado por dos suecos en 2016, elabora algunas de las mejores cervezas de la Riviera italiana, como una suave Berliner (cerveza Weisse) o una stout Ciocancia del 7,8 %. *16.00-20.00 mi-sa*

Comprar

Fragancias

Gocce di Byron

Plano p. 135 29 D3

Si tiene una cueva y una bahía bautizadas en su honor, ¿por qué no también una perfumería? Llena de agradables aromas, la tienda "Gotas de Byron" de Porto Venere vende fragancias con nombres encantadores de la región. *10.00-13.00 y 15.00-19.00*

Comida y bebida

Piazza del Mercato

Plano p. 130 30 C2

En una plaza cubierta en el centro de La Spezia, este animado mercado sin turistas es un buen lugar para comprar fruta fresca, verduras, quesos, aceitunas y otros posibles ingredientes para un buen pícnic. *6.00-14.00 lu-sa*

Drogheria Stoppani & Peer

Plano p. 130 31 D3

Tienda de comestibles de quinta generación en La Spezia abierta desde 1855 con un interior bien cuidado repleto de especias, chocolate, conservas, salsas, té y café. Vale la pena entrar aunque no se compre nada. *9.00-12.30 y 16.00-19.30 ma-sa, 16.00-19.30 lu*

Libros

Cartolibreria Castagnasso

Plano p. 130 32 B2

Histórica librería y papelería de La Spezia, fundada en 1877, bien surtida de artículos de escritura, material escolar, novelas, clásicos y una amplia selección de libros infantiles. *9.00-12.45 y 15.45-19.45 lu-sa*

Guía práctica

Génova (p. 33).

Viajar en familia

Solo por el helado, la Riviera ya es un buen destino familiar. Si se añade *pizza,* pasta, el segundo acuario más grande de Europa y algunas de las mejores playas de Italia, no costará apartar a un aburrido adolescente de su preciado teléfono.

Necesidades para bebés

Son fáciles de encontrar (salvo los domingos, pues las tiendas normalmente cierran). Las farmacias y supermercados venden leche maternizada, pañales, comida para bebés preparada y soluciones de esterilización. Hay leche de vaca fresca en cartones en supermercados y bares con el letrero "Latteria".

CLUBES DE PLAYA

Aparentemente pensados para familias, los *stabilimenti balneari* (clubes de playa) de Liguria ofrecen un día de playa sin estrés, con socorristas, vestuarios, duchas, restaurantes, sombrillas y tumbonas.

Comer fuera con niños

Los niños son bienvenidos en casi todas partes, sobre todo en las *trattorie* familiares. Suelen ser muy informales con camareros amables y comprensivos y menús sencillos de pasta y carnes a la parrilla. Las pizzerías son otra opción, y una vez familiarizado con el método italiano de los ingredientes (normalmente solo uno o dos, más tomate y *mozzarella*) se adorarán por siempre jamás.

Dar el pecho en público

Está bien visto en cualquier sitio apto para bebés.

Alojamiento

En las ciudades y pueblos, puede costar encontrar habitaciones familiares o para cuatro, mejor reservar con antelación. Otra opción son los hoteles y casas de huéspedes que disponen de apartamentos con cocina, perfectos para familias.

SHAIITH/SHUTTERSTOCK ©

Alojamiento

Liguria cuenta con alojamientos urbanos y rurales, desde villas palaciegas en Portofino a albergues económicos junto a la estación de Génova.

Si te gusta...

Ambiente del barrio histórico de Génova

Los caruggi (p. 44) Muy concurridos y un poco estrechos, pero todo queda cerca, desde *trattorie* a iglesias, y rezuman historia.

IMPRESCINDIBLE

Nos encanta...

Corniglia (p. 99)
Si se quiere conocer Cinque Terre sin un flujo constante de turistas en la puerta, lo mejor es reservar en Corniglia, el más pequeño del quinteto costero que se transforma en un destino más tranquilo y auténtico después de las 17.00. Se distingue por sus apartamentos decorados con estilo, muchos con vistas al mar.

Estancia de lujo, sin reparar en gastos

Portofino (p. 53) Se vive una versión más tranquila de Portofino cuando las multitudes se marchan y en la famosa Piazzetta solo quedan los que pueden permitirse una habitación de hotel.

Acceso directo a la playa

Levanto (p. 64) Dormir aquí significa levantarse temprano en este bullicioso destino de playa y reservar un sitio en la arena o una tumbona.

Una habitación con vistas

Manarola (p. 109) Pueblo vertical con altas casas tradicionales frente al mar, donde la mayor parte de los apartamentos, hoteles y casas de huéspedes ofrecen vistas espectaculares.

Elegante centro vacacional

Santa Margherita Ligure (p. 62) Con un precio un poco inferior a Portofino pero sin perder calidad, y cerca de una estación de trenes.

CUÁNTO CUESTA

Albergue **36 €**

Apartamento en Cinque Terre **110 €**

Habitación doble en hotel palaciego en Génova **195 €**

Comida, bebida y fiesta

Alergias e intolerancias

Italia tiene un control bastante razonable sobre las alergias alimentarias, algunas mejor atendidas que otras. Si se tienen requisitos alimentarios muy específicos, es aconsejable reservar un alojamiento con cocina y aprenderse algunas frases básicas de italiano para usar en restaurantes y tiendas.

CÓMO SE DICE

Trigo *Grano*
Leche/nata *Latte/crema*
Huevos *Uova*
Marisco *Crostacei*
Celíaco *Celiaco*

CÓMO PREGUNTAR...

¿Es sin gluten?
E' senza glutine?
¿Contiene frutos secos?
Questo contiene noci?
¿Hay alguna opción vegana?
C'è un'opzione vegana?

RESERVAS

Las opciones de restauración no escasean y, en general, basta con reservar el mismo día. Los restaurantes de categoría suelen requerir reservar un mes antes o más, mientras que los más populares en áreas turísticas deben reservarse unos días antes en temporada alta.

'Focaccia' para llevar

Es la comida para llevar por excelencia de Liguria: un pan plano horneado con pequeños orificios del tamaño de un dedo que se vende en panaderías, cafés y *focaccerias* especializadas. Suele venderse *al taglio* (en porciones) y se paga a peso. Los residentes la toman para desayunar con un capuchino.

Cómo pagar la cuenta

En general, en bares y cafés los camareros sirven en la mesa y traen la cuenta cuando se pide *"il conto"* o se hace la seña internacional de frotarse el pulgar.

En pequeños bares locales, es más común pedir y tomar la bebida en la barra. Se paga directamente al camarero al terminar.

En general, aceptan tarjetas de crédito en cafés y restaurantes, incluso para un café.

Los italianos no suelen dividir la cuenta, pero se puede pedir diciendo: *"Potete farci conti separati?"*.

PRECIOS

Los siguientes precios son para una comida de dos platos y una copa de vino de la casa.

€ menos de 25 €
€€ 25-45 €
€€€ más de 45 €

HORARIOS

Restaurantes
12.00-15.00 y 19.30-23.00 (más tarde en verano)

Bares y cafés
7.30-20.00, a veces hasta 1.00 o 2.00

Clubes
22.00-4.00 o 5.00

Salir

Génova es una gran ciudad con una decente escena nocturna. Cinque Terre y Portofino se acuestan más pronto.

Aperitivos Tomar algo antes de cenar es una tradición en toda la región, con el Aperol *spritz* como cóctel por defecto. Algunos de los mejores lugares con magníficas vistas al mar son Porto Antico (p. 34) en Génova, Boccadasse (p. 47), Piazzetta en Portofino (p. 60) y cualquier sitio de Cinque Terre.

Clubes La zona de fiesta se concentra fuera del centro histórico, con varios clubes y discotecas de renombre en Corso Italia (p. 47).

Beber en Génova No hay que subestimar el atractivo de los *caruggi* (calles estrechas) para la diversión nocturna. Hay varios sitios de moda, como Les Rouges y Malkovich (p. 50), que conviven con clásicos populares del barrio histórico, especialmente al noroeste de Piazza de Ferrari (p. 43). Piazza delle Erbe (p. 51) atrae a los jóvenes por sus *aperitivi* (bebida antes de cenar) baratos y animados, que suelen alargarse hasta altas horas.

CUÁNTO CUESTA

capuchino
1,50-2 €

'brioche' (cruasán)
2-3 €

'pizza' margarita
8-13 €

'primi' (primer plato)
8-15 €

'secondi' (segundo plato)
15-25 €

aperitivo
8-10 €

cerveza
6 €

Comunidad LGTBIQ+

Italia se considera uno de los países más tolerantes del mundo respecto de la orientación sexual. Las uniones civiles del mismo sexo son legales desde 2016.

El ambiente

Génova Como ciudad grande, tiene varios clubes y bares gais, pero no una escena tan grande como en Roma o Milán. **Virgo Disco Club** *(facebook.com/virgo.discoclub)* está un poco al oeste de Porto Antico. **Cinque Terre** no tiene una cultura gay como tal, pero el ambiente general es tolerante y agradable. Las muestras de afecto en público entre parejas del mismo sexo no sorprenden y todo el mundo puede jurarse amor eterno en la romántica Via dell'Amore.

EVOLUCIÓN DE LA LEY

- La homosexualidad se despenalizó en 1890.
- Las personas transgénero pueden cambiar legalmente de sexo desde 1982.
- Las uniones civiles -pero no matrimonios- del mismo sexo se permiten desde 2016. Las parejas del mismo sexo todavía no tienen los mismos derechos de adopción y FIV que las parejas casadas.

IMPRESCINDIBLE

Gaily Tour *(gailytour.com)* es un operador turístico italiano que organiza excursiones para la comunidad LGTBIQ+ a algunos de los lugares más turísticos de Europa. Ofrece dos circuitos en Cinque Terre (de medio día o día entero) que salen de La Spezia e incluyen cuatro de los cinco pueblos (todos menos Corniglia). Los guías facilitan mucha información y añaden historia LGTBIQ+ local en sus explicaciones.

LIGURIA PRIDE

Principal evento del Orgullo en la región, se celebra en Génova la primera semana de junio con un desfile que culmina en Piazza de Ferrari.

Recursos

- **www.prideonline.it** Escanea este código QR para cultura, política, viajes y salud con un enfoque LGTBIQ+.

Salud y seguridad

Italia tiene un sistema de salud público (Servizio Sanitario Nazionale, SSN) legalmente obligado a proporcionar atención urgente a todo el mundo.

Farmacias

Señalizadas con una cruz verde, abren en horario comercial, de 8.30 a 19.30 de lunes a viernes y el sábado por la mañana. Fuera de este horario, abren de forma rotativa. Las que están cerradas están legalmente obligadas a colgar una lista con las que están de guardia.

Los farmacéuticos asesoran sobre problemas médicos y venden medicamentos sin receta para dolencias menores. También pueden orientar si se requiere ayuda más especializada.

Llamar a una ambulancia

En caso necesario, hay que llamar al 118.

Carteristas

Génova y Cinque Terre suelen ser destinos seguros. Sin embargo, los hurtos pueden ser un problema, hay carteristas y ladrones en las zonas turísticas y en el transporte público muy concurrido. En caso de robo o pérdida, hay que denunciar siempre el incidente a la policía en las siguientes 24 h y pedir el parte.

TRATAMIENTO DE EMERGENCIA

En caso de emergencia, hay que acudir al *pronto soccorso* (servicio de emergencias) o un *ospedale* (hospital público), donde también realizan tratamientos dentales de emergencia.

AGUA POTABLE

El agua del grifo en Génova y Cinque Terre es potable, salvo que se indique *"acqua non potabile"*. Incluso el pueblo más pequeño de Liguria tiene una fuente pública en la *piazza* principal con agua potable fresca.

A TENER EN CUENTA

Los ciudadanos de la UE tienen derecho a atención médica a precio reducido, o gratuita, con la **Tarjeta sanitaria europea** (TSE); se obtiene ante las autoridades sanitarias del país de origen. Los ciudadanos de fuera de la UE, incluyendo el Reino Unido, deben tener seguro médico.

Turismo responsable

Conviene seguir estos consejos para minimizar el impacto ambiental, apoyar los negocios locales y dejar una impronta positiva en las comunidades.

Ingredientes locales

Es fácil encontrarlos en los restaurantes de Liguria. En la *trattoria* u *osteria* (restaurante informal) se puede pedir cualquier cosa con pesto, anchoas, limón, aceite de oliva, conejo o una docena de quesos distintos, desde *prescinseua* a *caciotta di brugnata*. Las bebidas locales también son frecuentes, como los vinos blancos de la DOC Cinque Terre y el delicioso vino de postre dulce, *sciacchetrà*. El *limoncino* es un licor de limón similar al *limoncello* del sur.

Transporte público

La Riviera es probablemente la región del país mejor conectada en transporte público. Incluso los pueblos más pequeños tienen una estación de trenes y/o conexión fiable en autobús.

IMPRESCINDIBLE

La agencia de viajes con valores sostenibles **Arbaspàa** (p. 115) de Manarola organiza visitas a granjas de Cinque Terre para conocer el cultivo de la aceituna, la apicultura y la producción de vino a pequeña escala.

Agriturismo

Para satisfacer fantasías bucólicas, cada vez hay más *agriturismi* (estancias en granjas). Si bien deben cultivar al menos uno de sus propios productos, la oferta va desde casas de huéspedes rústicas con un puñado de olivos a elegantes casas de campo con deslumbrantes piscinas, o granjas en pleno funcionamiento donde los huéspedes pueden colaborar.

Recursos

• **agriturismo.it** Estancias en granjas • **slowfood.com/es** Slow Food • **parconazionale5terre.it** Parco Nazionale delle Cinque Terre • **parks.it/parco.portofino** Parco Naturale Regionale di Portofino • **parks.it/parco.porto.venere** Parco Naturale Regionale di Porto Venere

PARQUES NACIONALES Y REGIONALES

Liguria está protegida con un parque nacional, Cinque Terre (creado en 1999), y dos parques naturales regionales, Porto Venere (que abarca el pueblo y las islas de Palmaria, Tino y Tinetto) y la península de Portofino.

Slow Food y Slow Fish

Génova es la sede del festival del pescado del movimiento anual Slow Food, Slow Fish, que se celebra en Porto Antico durante cuatro días en junio los años impares.

La ciudad tiene unos doce restaurantes incluidos en la guía Slow Food de *osterie* italianas que se actualiza cada año, como Rosmarino (p. 48), Sà Pesta (p. 49) y Trattoria delle Grazie (p. 48).

TRABAJAR EN UNA GRANJA ORGÁNICA

Por una pequeña cuota anual, World Wide Opportunities on Organic Farms *(wwoof.it)* ofrece una lista de granjas italianas que buscan trabajadores.

El cambio climático y los viajes

Es imposible ignorar el impacto de nuestros viajes y la importancia de hacer cambios. Lonely Planet anima a todos los viajeros a involucrarse en su huella de carbono. Muchas webs de líneas aéreas y sitios de reservas ofrecen la opción de compensar el impacto de los gases de efecto invernadero realizando donaciones para iniciativas respetuosas con el clima en todo el mundo.

La **Calculadora de compensación del carbono de la ONU** muestra cómo los vuelos afectan a las emisiones domésticas.

La **Calculadora de emisiones de carbono de la OACI** permite analizar el CO_2 generado por trayectos de un punto a otro.

Accesibilidad

Ascensores públicos y escaleras mecánicas

Las empinadas laderas y desniveles de gran parte de Liguria pueden crear problemas de accesibilidad. Afortunadamente, muchos lugares tienen ascensores públicos para sortear los numerosos tramos de escaleras.

Lugares con ascensor: Génova (10 en total), Riomaggiore, Lerici y La Spezia. Suelen costar 2 €.

Estaciones de trenes

La estación Piazza Principe de Génova tiene oficinas Sala Blu especiales que ofrecen ayuda gratis a todo el mundo, desde usuarios de silla de ruedas a invidentes o mujeres embarazadas. Otras estaciones con asistencia a personas con movilidad reducida son Santa Margherita Ligure-Portofino, Rapallo, Levanto y Monterosso. Se puede reservar con antelación por teléfono, +39 02 32 32 32 (extranjero) o 800 90 60 60 (en el país).

AUTOBUSES Y TAXIS

La mayoría de los autobuses urbanos son accesibles en silla de ruedas; sin embargo, puede que algunas paradas no lo sean, mejor preguntar al subir. Algunos taxis están adaptados para sillas de ruedas; hay que pedir un taxi para *sedia a rotelle* (silla de ruedas).

IMPRESCINDIBLE

El **Galata Museo del Mare** (p. 46) de Génova tiene mapas táctiles para invidentes, dispositivos de amplificación para discapacitados auditivos, aparcamiento con distintivo azul, patinetes eléctricos interiores y pasillos anchos con rampa de fácil acceso entre plantas. Admiten perros guía para personas con discapacidad. Además, el museo está muy bien organizado tanto en el plano visual como el educativo. Se puede dedicar medio día a visitarlo.

Descuentos en museos

Muchos museos y galerías ofrecen entrada gratis a las personas con discapacidad (y/o la identificación pertinente) con un acompañante.

El Musei di Strada Nuova (p. 38) de Génova ofrece un descuento de 2 € con tarjeta de discapacidad, y entrada gratis para acompañantes.

PERMISOS DE APARCAMIENTO

Los permisos de aparcamiento para discapacitados de la UE son válidos en Italia, y ofrecen los mismos derechos de aparcamiento que los de los conductores locales con discapacidad.

Recursos

- **villageforall.net** Village for All realiza inspecciones de instalaciones turísticas en Italia.

Lo esencial

Horario comercial

Horario de verano (abr-sep)

Bancos 8.30-13.30 y 14.45-16.30 lu-vi

Bares y cafés 7.30-20.00, a veces hasta 1.00 o 2.00

Clubes 22.00-4.00 o 5.00

Restaurantes 12.00-15.00 y 19.30-23.00

Tiendas 9.00-13.00 y 15.30-19.30 (o 16.00-20.00) lu-sa. En las grandes ciudades algunas tiendas abren al mediodía y el domingo por la mañana. Algunas cierran el lunes por la mañana.

A TENER EN CUENTA

Hora local
Hora Central Europea (GMT/UTC +1)

Código de la ciudad
010

Emergencias 112

Población (Génova)
580 000 hab.

Aseos

Aparte de los museos, galerías, grandes almacenes y estaciones de trenes, hay pocos aseos públicos en Italia. En caso de necesidad, lo mejor es entrar en un café o bar. Lo más educado es pedir algo en la barra. Normalmente hay que pagar para usar los aseos públicos.

ELECTRICIDAD

220V-230V/ 50Hz

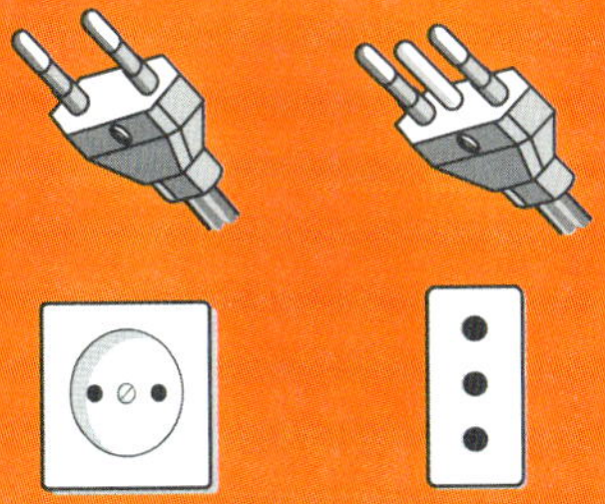

Fiestas oficiales

Capodanno Año Nuevo, 1 de enero

Epifania Epifanía, 6 de enero

Pasquetta Lunes de Pascua, marzo/abril

Giorno della Liberazione Día de la Liberación, 25 de abril

Festa del Lavoro Día del Trabajo, 1 de mayo

Festa della Repubblica Día de la República, 2 de junio

Ferragosto Día de la Asunción, 15 de agosto

Festa di Ognissanti Día de Todos los Santos, 1 de noviembre

Festa dell'Immacolata Concezione Día de la Inmaculada Concepción, 8 de diciembre

Natale Navidad, 25 de diciembre

Festa di Santo Stefano Día de San Esteban, 26 de diciembre

Aperto Abierto

Chiuso Cerrado

Idioma

Lo básico

Hola.
Buongiorno.
buon·jor·no

Adiós.
Arrivederci.
a·rri·ve·der·chi

Sí.
Sì. *si*

No.
No. *no*

Por favor.
Per favore.
per fa·vo·re

Gracias.
Grazie. *gra·dsie*

Perdóneme.
Mi scusi. (for)
mi sku·si
Scusami. (inf)
sku·sa·mi

De nada.
Prego. *pre·go*

Frases rápidas

¿Habla español?
Parla spagnolo? (for) *par·la spa·ño·lo*
Parli spagnolo? (inf) *par·li spa·ño·lo*

No le entiendo. **Non capisco.** *non ka·pi·sko*

Me gustaría... **Vorrei.** *vo·rrei*
- una cerveza. una birra. *u·na bi·rra*
- un café. un caffè. *un ka·fe*
- un vino blanco. un vino bianco. *un vi·no bian·ko*
- un vino tinto. un vino rosso. *un vi·no ro·so*

La cuenta, por favor. **Mi porta il conto, per favore.**
mi por·ta il kon·to per fa·vo·re

¿Cuánto cuesta esto? **Quanto costa questo?**
kuan·to kos·ta kue·sto

¿Dónde está el baño? **Dov'è il bagno?** *do·ve il ba·ño*

¿Puede hablar más despacio?
Può parlare più lentamente, per favore?
(for) *puo par·la·re piu len·ta·men·te per fa·vo·re*
Puoi parlare più lentamente, per favore?
(inf) *puoi par·la·re piu len·ta·men·te per fa·vo·re*

¿Dónde hay un cajero? **Dov'è un Bancomat?**
do·ve un ban·ko·mat

¡Más lento, por favor! **Più lentamente, per favore!**
piu len·ta·men·te per fa·vo·re

Números

1	2	3	4	5
uno	**due**	**tre**	**quattro**	**cinque**
u·no	*du·e*	*tre*	*kua·tro*	*chin·kue*

Información útil

En italiano, en general se enfatiza la penúltima sílaba de la palabra. Sin embargo, si una palabra escrita lleva un acento en una vocal, esa es la sílaba tónica.

El característico soniquete del italiano se crea pronunciando las sílabas uniforme y rítmicamente, y se baja el tono en la última palabra.

El italiano tiene una palabra informal y una formal para la segunda persona (Lei *Lei* y tu *tu*, respectivamente); los verbos tienen una terminación distinta para cada persona.

ITALIANO EN ITALIA

Los italianos están muy orgullosos de la rica historia e influencia de su idioma, y con razón, pues se dice que tiene la relación más cercana con el idioma que hablaban los romanos. Italia es de los pocos países europeos que prefiere doblar las películas extranjeras en vez de subtitularlas.

Señalización

Aperto Abierto
Chiuso Cerrado
Spingere Empujar
Tirare Tirar
Uscita Salida
Entrata Entrada
Donne Mujeres
Uomini Hombres
Bagno (WC) Aseos
Stazione Estación de trenes
Aeroporto Aeropuerto
Non fumatore No fumadores

Avisos

Il suo passaporto per favore. *il su·o pa·sa·por·to per fa·vo·re* **Su pasaporte, por favor.**
Il suo visto, per favore. *il su·o vis·to per fa·vo·re* **Su visado, por favor.**

10 FRASES PARA PARECER UN LUGAREÑO

¿Qué ocurre? Cosa c'é? *ko·sa che*
¿Va todo bien? Tutto a posto? *tu·ta pos·to*
Todo bien. Va bene. *va be·ne*
¡Fantástico! Fantastico! *fan·tas·ti·ko*
Es verdad. È vero. *e ve·ro*
Por supuesto. Certo. *cher·to*
¡Ni hablar! Per niente! *per nien·te*
¿En serio? Scherzi! *sker·dsi*
¡Ojalá! Magari! *ma·ga·ri*
¿De verdad? Davvero? *da·ve·ro*

6	7	8	9	10
sei	**sette**	**otto**	**nove**	**dieci**
sei	*se·te*	*o·to*	*no·ve*	*die·chi*

Índice

Véase también los subíndices:
Comer p. 158
Beber p. 159
Comprar p. 159

Puntos de interés p. 000
Págs. de los planos p. 000

Comer

Beber

Comprar

La opinión del lector

Nos encanta escuchar a los viajeros, ya que con sus comentarios nos ayudan a mejorar nuestros libros. Podéis escribirnos a lonelyplanet.com/contact; leemos todos los mensajes y garantizamos que estos lleguen a los autores.

Nota: Es posible que algunos fragmentos de estos mensajes aparezcan en nuevas ediciones de las guías Lonely Planet, en la web o en productos digitales. Si preferís que vuestro contenido o nombre no sean publicados, por favor, indicadlo claramente. Para obtener una copia de nuestra política de privacidad, podéis visitar lonelyplanet.com/legal.

geoPlaneta
Av. Diagonal 662-664, 08034 Barcelona
www.geoplaneta.com – www.lonelyplanet.es

Lonely Planet Global Limited
Lonely Planet Global Limited, Digital Depot,
The Digital Hub, Dublín D08 TCV4, Irlanda
www.lonelyplanet.com
Contacta con Lonely Planet en: lonelyplanet.com/contact

Génova y Cinque Terre de cerca
2ª edición en español – julio del 2025
Traducción de *Pocket Genoa & Cinque Terre*, 2ª edición – abril del 2025

1ª edición en español – septiembre del 2020

Editorial Planeta, S.A.
Av. Diagonal 662-664, 7º. 08034 Barcelona (España)
Con la autorización para la edición en español de Lonely Planet Global Limited, Digital Depot,
The Digital Hub, Dublín, D08 TCV4, Irlanda

ISBN: 978-84-08-30170-7
Depósito legal: B. 7222-2025
Impresión y encuadernación: Unigraf
Printed in Spain – Impreso en España